Werkers by die Huis

Maak die Meeste van Jou Tyd!

Erin Thiele

Uiteindelikhoop.com

NarrowRoad Publishing House

Werkers by die Huis
Maak die Meeste van Jou Tyd!

deur Erin Thiele

Uitgegee deur:
Editorial NarrowRoad
POB 830
Ozark, MO 65721 U.S.A.

Die materiaal van Restore Ministeries was geskryf met die uitsluitlike doel om vrouens te bemoedig. Vir meer inligting, besoek ons by:

Uiteindelikhoop.com
EncouragingWomen.org

Tensy andersins aangedui, is meeste van die Bybel verse uit die *AFR83 Vertaling* geneem. Bybel aanhalings gemerk NLV word uit die *Nuwe Lewende Vertaling* geneem, en die Bybel aanhalings wat AFR53 gemerk is, word uit die *1933/53 Afrikaanse vertaling* geneem. Ons bediening is nie partydig aan enige spesifieke weergawe nie, maar is **lief** vir hulle almal, sodat ons in staat is om elke vrou, in enige denominasie, wat bemoediging nodig het, te help, asook diegene wat 'n begeerte het om groter intimiteit met haar Redder te kry.

Omslag Ontwerp deur Tara Thiele

ISBN: 1-931800-91-X
ISBN 13: 978-1-931800-91-4

Inhoudsopgawe

Sy hou goeie toesig oor haar huishouding;

lui is sy nie.

Haar kinders prys haar,

haar man bewonder haar:

"Daar is baie knap vrouens,

maar jy oortref hulle almal!"

Uiterlike skoonheid hou nie.'

n mooi voorkoms is nie alles nie;

as sy die Here dien,

dán verdien 'n vrou om geprys te word.

Gee haar wat haar toekom vir alles wat sy doen;

laat haar werk haar roem wees in die stadspoorte.

—Spreuke 31:27-31

Toewyding

Hierdie boek is toegewy aan die baie jong vrouens in my lewe, spesiaal my drie dogters, Tyler, Tara en Macy. Dit is my gebed dat idees, metodes en voorstelle in hierdie klein boekie jou sal help soos wat jy deelneem aan die mees belangrikste loopbaan in hierdie wêreld—'n tuismaakster! Dit is 'n werk wat ek meer lonend, meer uitdagend, en meer vervullend vind as om 'n openbare spreker of 'n skrywer te wees. Ek is nie 'n huishoudster nie en nog minder is jy. Ons is tuismaaksters. Ons is wat "n tuiste maak."

Of jou huis skoon en netjies, goed georganiseerd en klopdisselboom, kalm en rustig, gelukkig en vreugdevol, sal heeltemal van jou afhang. Meeste jong vrouens met wie ek praat het nie 'n idee as om waar te begin nie. Soos wat ek die derde hersiening van hierdie boek begin het, het ek jou in gedagte gehou om hierdie wonderlike posisie as 'n …

Werker by die Huis aan te pak!

verstandig en kuis, goeie ***huisvrouens,***
onderdanig aan hulle mans.
Dan sal die woord van God nie in diskrediet kom nie.
—Titus 2:5

Sy hou goeie ***toesig oor haar huishouding;***
lui is sy nie.
—Spr. 3127

Gee haar wat haar toekom vir alles wat sy doen;
laat ***haar werk*** *haar roem wees in die stadspoorte.*
—Spr. 31:31

Inleiding 1

Daardie "Te Perfekte" Spreuke 31 Vrou!

Die woorde van Lémuël die koning
van Massa, waarmee sy **moeder** hom vermaan het
—Spreuke 31:1

Laat ek begin deur te sê dat die "Spreuke Vrou" heeltemal fiktief is en dat hierdie vrou nie bestaan nie, maar natuurlik weet jy dit reeds. Nietemin, ek het gevoel dat dit belangrik is dat ons almal saamstem dat sy eenvoudig net nie eg is nie. Die rede hoekom ons moet saamstem is heel eenvoudig. Omdat hierdie "vrou" my heldin was en ek graag wou wees net soos sy—soveel so, dat ek my lewe volgens hare nageboots het. Toe het ek haar soos 'n dwaas as 'n maatstaf gebruik om vas te stel in watter mate ek as 'n vrou, moeder en tuisteskepper gevaar het. En as ek moet raai, sukkel jy ook om met hierdie fabelagtige karakter te kompeteer.

So, ek weet nie van jou nie, maar hierdie vrou het lank genoeg by my gespook. My hele lewelank, veral in my getroude lewe, het ek desperaat gesukkel en geklou om deur my dae te kon kom net om soos sy te kon wees, sodat ek "goed genoeg" en "geregverdig genoeg" en "innemend genoeg" teenoor God kon wees. Wat ek skaars 'n paar jaar terug uit gevind het dat dit *nie* God se maatstaf vir vrouens was nie; in stede daarvan was Spreuke 31 riglyne wat 'n moeder gebruik het om haar seun te instrukteer wanneer hy 'n vrou sou **kies**— 'n vrou wat sy koningin sou wees. So dit is in orde om ons seuns aan te moedig om vir so 'n tiepe vrou uit te kyk, en om nou selfs meer te weet as toe, dat dit 'n vrou is wat amper onmoontlik is om te vind, 'n skaars en kosbare juweel. Gelukkig is niks onmoontlik by God nie, en ons as moeders kan vertrou dat Hy die perfekte wederhelf vir ons seuns sal bring, solank ons, ons vertroue in Hom stel.

In hierdie hoofstuk is dit my hoop dat jy sal verstaan wat die waarheid is aangaande die Spreuke Vrou en dat sy nie eg is nie. Ek hoop dat dit alreeds 'n swaar las en gewig van jou afgelig het, net soos dit vir my gedoen het, sodat jy nie meer sal *probeer* om soos sy te wees nie. Aangesien ek nou vry is van hierdie las, het dit my die vryheid en gemak toegelaat om Hom eenvoudig toe te laat om my te verander. Alhoewel ek nog steeds, en altyd 'n begeerte sal hê om wel aaneemend vir my God te wees, en ook my Here, wie nou my nuwe Man is, ek sal nie meer daardie leun glo dat ek moet opweeg nie. In plaas daarvan, deur te lewe om myself te deurweek in Sy liefde, vir meer as 'n jaar nou, weet ek daar is niks, nie-een-ding, wat ek nodig het om Hom te behaag nie—solank Hy my hele hart het, dit is al wat Hy wil hê. Is dit nie heerlik nie?

As gevolg van hierdie nuutgevonde begrip, spruit alles wat ek doen uit daardie liefde. Daar is geen inspanning, en geen teleurstelling van my kant af nie omdat, soos ek reeds gesê het, weet ek dat ek nie hoef opgeweeg te word nie! Vryheid uiteindelik. Vryheid om ander lief te hê en die vryheid om te geniet om my oorvloedige lewe te lewe! Vergewe my asb, ek kon net nie voortgaan met hierdie hoofstuk sonder om hierdie fondamentele punt weer te verklaar nie: Jou Beminde is mal oor jou, net soos wat jy is. Dit mag dalk onmoontlik, onwaar, of te goed om waar te wees klink, maar onthou die volgende: "*terwyl* ons nog sondaars was. . ." dis wanneer Hy gesterf het, en Hy Sy lewe neergelê het, vir jou en my. Ons het niks gedoen nie, dit was "terwyl ons nog sondaars was." Hy het nie Sy lewe neergelê toe ons nog nie tot bekering gekom het nie of selfs *probeer* het om goed te wees nie. Dit is die punt. Dit was toe ons ongered was, sleg, en glad geen begeerte vir Hom gehad het nie dat Hy Sy liefde vir ons gewys het—Sy arms wyd uitgestrek—dieselfde arms waarmee Hy hunker om ons te omhels tot in ewigheid. So stop en neem 'n oomblik om regtig oor die waarheid vir 'n rukkie na te dink. Daar is geen groter waarheid wat bestaan nie.

Heelaas, dit lyk 'n bietjie onmoontlik om net in te spring oor wat hierdie hoofstuk alles oor handel, wanneer jy so diep in die dieptes van jou siel geloer het, maar 'n ander waarheid wat verlossend is vind: Alles wat op ons betrekking het vir ons Minnaar saak maak—alles—selfs die alledaagse. So laat ons, ons aandag na 'n alledaagse onderwerp vestig, die toestand van ons huise, en hoe ons dit kan geniet om 'n veilige hawe vir ons, ons familie en vriende, te skep. Hoe om eenvoudig die soort bruid te wees wat ons Man wil hê ons moet wees, 'n Man wat wil hê dat ons vry en sonder bekommernisse of laste en onverklaarbaar gelukkig moet voel. 'n Bruid wat vervul en waardig voel—iets wat vrouens vandag onmoontlik vind om te verkry alhoewel hulle daagliks daarna *streef.* Dit is omdat meeste die leuen aanvaar het dat deur om 'n man na te volg en na te boots wat 'n man vervuld laat voel, dit ons, as vrouens, vervuld sal maak voel. En deurgaans het God die waarheid in Spreuke en dwaarsdeur die Bybel, volmaak verduidelik hoe Hy ons geskep het, anders en uniek, glad nie soos 'n man nie. En Hy antwoord hulle en sê: het julle nie gelees dat Hy wat *hulle* gemaak het, hulle van die begin af man en vrou gemaak het nie,

(Matthéüs 19:4). So laat ons fokus op wat vir ons saak maak as vroue, waar ons hierdie volgende paragraaf leef en lees:

"Sade, Opmerksaam gaan sy die werksaamhede van haar huis na, en die brood van luiheid eet sy nie" (Spreuke 31:27).

Hierdie vers, wat ook deel is van daardie Spreuke 31 Vrou, is iets wat ek gedink het ek *ten minste* gedek het, omdat . . . ek eenvoudig nooit ledig was nie. So ek het gevoel dat ek albei dele gedek moes hê, ek het goed daarna gekyk omdat ek nie ledig was nie. Onwaar. Hierdie is twee afsonderlike aspekte wat ons kan gebruik om **God** se hulp in te roep en deur Hom om hulp te vra kan ons transformeer in hierdie gebied van ons lewens.

Weereens, daar is niks wat ons in ons self kan doen nie, onthou Hy sê, "Ek is die wynstok, julle die lote. Wie in **My** bly, en Ek in hom, hy dra veel vrug, want **sonder My** kan julle niks doen nie" (Johannes 15:5), maar *vir* **God**, Hy belowe niks is onmoontlik nie . . . maar *by* **God** is alle dinge **moontlik**" (Matthéüs 19:26).

So, hoekom nie Sy krag, wysheid en salwing gebruik nie, vra Hom om ons te help om die taak hoe om goed na ons huis se daaglikse take om te sien en te kan verrig, met die begeerte om 'n veilige hawe vir ons familie en vriende en onsself as Sy bruide te kan skep en daarin te lewe. Weereens, wanneer ons probeer om dit in ons eie wysheid of krag of selfs in ons eie tyd, sal ons eie inspanning net vrugteloos en waardeloos wees. Ja, boeke of artikels of televisie programme is in orde om kennis te verkry, maar net Hy kan hierdie (of enige) aspek in ons lewe vervul. Bespreek hierdie of enige ander iets eenvoudig met Hom, sodat hy dit kan laat gebeur – Moeiteloos

Diep Skoonmaak

Terwyl ek teruggevlieg het van Asia af (Ek het dit in my eerste boek genoem *Vind die Oorvloedige Lewe*, gaan ek voort om vir ons kerk deur ons televisie ministerie te reis), ek het gevind dat ek soveel tyd het om te dink en met die Here te praat oor baie dinge. Een ding wat in my gedagtes opgekom het op hierdie vlug was 'n diep begeerte dat ek moes "Diep skoonmaak".

"Belyding, ek het nooit regtig groot skoongemaak in my lewe nie, en vir een of ander rede wou ek my huis net diep-skoongemaak gehad het en ontrommel, insluitende en spesiaal daardie kabinette en laaie en kaste. Daar is iets bevrydend om 'n huis te hê wat vry is van alles wat jy nie nodig het nie en/of nie gebruik nie. Dit is asof 'n groot las van jou en jou lewe gelig is. Miskien was dit as gevolg van wat iemand onlangs gesê het van Erin se boek "Tuisteskeppers" waarvan ek gehou het en vir jare gevolg het. Of moontlik was dit as gevolg van iets wat Hy vorentoe vir my (en my familie) gehad het en die groot skoonmaak en/of ontrommeling sou die eerste stap wees.

Ongeag die ware rede, het ek geweet aangesien ek so uitgebreid gereis het gedurende die vorige jaar, het my huis regtig intensiewe aandag nodig gehad. Maar daar is 'n baie belangrike les wat ek ook gedurende die laaste jaar geleer het, en dat is dat ek glad niks in myself kan doen nie. Absoluut Niks. Voor hierdie jaar het ek baie van "myself" in alles gesit wat ek gedoen het met net 'n bietjie "suikerbedekking" van die Here. Maar wanneer jy in 'n posisie geplaas word waar jy skielik ingestoot was om as 'n enkel ma van 'n groot familie op te tree, plus deur nog 'n tiener by te voeg, wanneer daar 'n spesiale behoefte ouer suster wie baie van jou aandag vereis word, en dan om alles te kroon, word jy uitgestuur om die helfte van die tyd om die wêreld te reis, wel, dan vind jy dat jy geforseer was om een-honderd persent op die Here te vertrou het, of dit sal eenvoudig jou ondergang beteken. Dit is wat Hy geweet het wat ek nodig gehad het om te leer—om ten volle en heeltemal op Hom staat te maak—om eintlik in Hom rus te vind selfs wanneer daar soveel was om te doen dat jy gevoel het dat jy dit nooit sou maak nie of dat jy op die punt staan om dood neer te val van uitputting.

So, terwyl ek gevlieg het, het ek eenvoudig vir die Here gesê dat ek regtig daarvan sou **hou** om "diep skoon te maak" en ek het dit eenvoudig aan Hom oorgegee, nie een keer nie, maar ieder en *elke* keer wat ek daaraan gedink het. En dink daaraan, het ek gedink. Toe ek terug by die huis kom nadat ek vir amper 'n maand weg was, het my huis my aandag nodig gehad, alhoewel alles verbasend skoon was, selfs vir 'n onverwagte besoeker. Ek het Hom uitbundig gedank vir die bevestiging dat as 'n moeder, nie nagelaat het om my kinders goed op te voed nie. Tog, ek was nog vasbeslote om Hom toe te laat om die onmoontlike te doen en die tyd te voorsien en Sy plan vir 'n diep-skoonmaak, as dit natuurlik, Sy plan was. Weereens wetend dat watookal ek kon *probeer* doen, eerder moes wag op Hom, 'n klein fraksie sou wees as wat Hy—in Sy tydsberekening—sou doen Ek het Hom toegelaat om die begeertes van my hart te vervul. So toe wag ek om in Sy plan en Sy wil opgesweep te word. Toe skielik, het ek dit sien begin gebeur.

Julle weet dames, dit is die manier hoe die Here werk—Hy wil hê ons moet wag, dan *skielik* beweeg Hy. Dit is soort van soos met kinders wat groei uitspuitings kry. Dit is Sy manier en ons moet weet en verstaan hoe Hy werk, sodat ons kan ophou verknies wanneer ons sien dat *niks* gebeur nie: **beloftes word en vervulling gebeur in uitspuitings *nada*t ons gewag het.**

Op hierdie oomblik kan ek nie onthou met watter kamer ek begin het nie; O, wag ek weet nou, dit was my dogters se kamer. Ek het hulle met nuwe gestikte komberse, lakens, gordyne, ens geseën nadat hulle niggie (my susterskind) vertrek het om terug te gaan huis toe nadat sy vir 'n jaar by ons gebly het. Het hulle weereens 'n kamer gedeel en het verdien om geseën te word omdat hulle soveel liefde teenoor vir hulle niggie gewys het. God het my selfs 'n voorsprong gegee omdat terwyl ek weg was: het een van my kinders na 'n ander kamer getrek en hulle het selfs hulle klere netjies in hulle laaie gevou. Dit is toe wat ek die opweling van opgewondenheid en energie gevoel het om my vier houers met groot etikette op te maak en begin uitsorteer het wat in daardie laaie was! Ja, ek het ook Erin se *Tuisteskepper* boek aangekoop en ek word periodiek gelei om dit te volg soos ek gesê het. Daar en dan, God het 'n salwing in of op my geplaas, gekoppel met die kennis en wysheid wat ek uit hierdie boek gewin het en deur die kyk van al die organisation videos. Ons was oppad.

Eerstens, het ek die Here gesoek vir waar daardie groot houers was: emmers, mandjies, en sakke. Hier is die ding, op daardie oomblik kon ek oorgeneem het: my idees—my vlees of ek wat die vloei van die boek probeer volg, maar ek wou ingeskakel bly onder Sy salwing sodat ek al die "glorie aan God "kon gee. En meer belangrik, het ek opgeeindig het met die soort resultate wat jou sal maak wil dans en juig!

Onmiddelik het God my deur die huis gelei en in die motorhuis in, en gekollekteer wat ek nodig gehad het. Ek het die groot stukke papier gemerk: #1 gooi weg, #2 gee weg, #3 pak weg, #4 stoor weg. Om dit maklik te maak het ek in albei die #1 en #2 houers, het ek 'n groot vullissak ingesit om dit makliker te skuif. #1 na die vullishouer en 2# na die kattebak van my motor. (As jy nie Erin se *tuiste skepper* boek gelees het nie wees geduldig met my of selfs beter kry een; omdat wat ek sê meer sin sal maak soos wat ons aangaan). Hierdie houers het ek opgelyn 1-4 en aan my dogters verduidelik dat dit die metode is om *enige* kamer, *enige* laai, *enige* kas, of *enige* motor—enigiets skoon te maak.

So ons mikpunt, soos wat ek verduidelik het, was om *alles* te verwyder van "waarookal" hulle het gelei gevoel om te werk: in 'n laai, die kas of onder die bed, en dan vir die Here te vra, wat daarmee gedoen word, moet dit:

#1 weggegooi word (omdat dit beskadig is en nie waardig is om vir iemand anders te gee nie?), of

#2 weg te gee (jy gebruik dit nie meer nie of jy het dit ontgroei?), of

#3 weg te sit (dit behoort nie in jou kamer nie; dit behoort nie aan jou nie), of

#4 weggepak (dit gaan terug in daardie kabinet, of kas wat jy nou net opgeruim het; net nie onder die bed nie).

Ek het vir my dogters gesê dat hulle doel was om soveel te hou as wat hulle kon in #1, dan#2 en so aan, sodat #4 oor was met net wat God wou gehad het hulle moes hou—die res, laat dit gaan.

Om my dogters te help het ek gelei gevoel om te stop en iets te kry om te eet, toe Hy met my begin praat het oor fundamentele wysheid wat ek in die volgende hoofstuk sal deel.

~ Michele
Skrywer van RMI se Oorvloedige Lewe Reeks

Inleiding 2

Lesse in Wysheid

... My seun, luister na die tug van jou vader,
en verwerp die onderwysing van jou moeder nie;
—Spreuke 1:8

Soos ek genoem het in die laaste hoofstuk, die Here wou gehad het ek moes gaan sit en gedurende 'n maaltyd,die tyd neem om funamentele wysheid met my dogters te deel. Ek het begin deur te verduidelik dat ONS ALMAL soveel wat ons uit ons sig gestoor het, soos in ons laaie en kaste, is dinge wat ons eenvoudig nie gebruik of nodig het nie. En die dinge wat ons selfs oorweeg om weg te gee is dikwels beskadig en nie waardevol genoeg is om aan enige arm siel te gee nie!

Ter aanvulling, het ek ook verduidelik dat ons die waarde van ons *goed* grootliks oorskat en voel dat ons eerder #1) "'n paar rand moet maak" en dit aan 'n tweede handse winkel of by 'n werf uit verkoping moet verkoop, of #2) ons klou daaraan vas totdat ons dink aan ***wie*** voordeel uit elke *item* sou trek, maar dit vergader net rommel en word in 'n laai, kas, kabinet of selfs in 'n weggee sakkie geplaas wat net daar lê —nooit deur enigiemand gebruik nie, of #3) ons gaar dinge op, en vergeet dat alles wat ons het Syne is en as ons dit nie gebruik nie, ons Hom moet vra wat ons daarmee moet maak.

Die lading van wat meeste van ons besit, is ek oortuig daarvan, is goed wat iemand anders kan seën, maar ons verkies om dit op te hoop, en te weerhou wat iemand kan seën. Ek het ook vir my dogters gevra om die versies in hulle Bybels op te soek en te merk, "Moenie 'n weldaad weerhou van iemand aan wie dit toekom nie terwyl dit in jou mag is om dit te bewys nie. Moenie vir iemand sê: "Hou 'n weldaad nie terug van hom aan wie dit toekom as dit in jou mag is om dit te doen nie" "Sê nie vir jou naaste nie: Gaan en kom terug, dan sal ek more gee -terwyl jy dit het." (Spreuke 3:27-28). "Daar is een wat ruim uitdeel en nog meer kry, en een wat terughou meer as wat reg is, maar tot sy gebrek." (Spreuke 11:24).

Opgaar word nou as 'n siekte beskryf, maar natuurlik soos Erin oor die meeste nuut gemerkte siektes sê, dit is eenvoudig sonde—soos die sonde van selfsugtigheid. Dit is hoekom ek gekom het om te kyk na hierdie *goed* wat in ons laaie en kaste weggesteek is soos die muntstukke waarvan Jesus gepraat het wat die een **on**troue slaaf ***begrawe*** het wat Hom so kwaad gemaak het. Kom ons lees dit saam:

"WANT *dit is* soos 'n man wat op reis wou gaan en sy diensknegte roep en aan hulle sy besittings toevertrou. En aan die een gee hy vyf talente en aan die ander twee en aan die ander een, aan elkeen na sy vermoe; en hy het dadelik op reis gegaan. En die een wat die vyf talente ontvang het, het daarmee gaan werk en vyf ander talente gewin. Net so het die een wat die twee ontvang het, self ook twee ander verdien. Maar hy wat die een ontvang het, het in die grond gaan grawe en die geld van sy heer weggesteek."

"EN na 'n lang tyd het die heer van daardie diensknegte gekom en met hulle afgereken. En die een wat die vyf talente ontvang het, kom bring vyf ander talente en sê: Meneer,vyf talente het u aan my toevertrou; hier het ek vyf ander talente daarby verdien. En sy heer sê vir hom: Mooi so, goeie en getroue dienskneg, oor weining was jy getrou, oor veel sal ek jou aanstel. Gaan in, in die vreugde van jou heer."

"En die een wat die twee talente ontvang het, kom ook en sê: Meneer, twee talent het u aan my toevertrou; hier het ek twee ander talente daarby verdien. Sy heer sê vir hom: Mooi, so, goeie en getroue dienskneg, oor weinig was jy getrou, oor veel sal ek jou aanstel. Gaan in, in die vreugde van jou heer.

"En die een wat die een talent ontvang het, kom ook en sê: Meneer, ek het u geken,dat u 'n harde man is wat maai waar u nie saai het nie, en bymekaar maak waar u nie uitgestrooi het nie; omdat ek bang was, het ek gegaan en u talent in die grond weggesteek. Hier het u wat aan u behoort.

Maar sy heer antwoord en sê vir hom: Jou slegte en luie dienskneg, jy het geweet dat ek maai waar ek nie gesaai het nie, en bymekaar maak waar ek nie uitgestrooi het nie. Daarom moes jy my geld by die wisselaars gestort het, en ek sou by my koms wat aan my behoort, met rente ontvang het. Neem dan die talent van hom weg en gee dit aan die een wat die tien talent het.

"Want aan elkeen wat het, sal gegee word, en hy sal oorvloed hê; maar van hom wat nie het nie, van hom sal weggeneem word ook wat hy het. En werp die nuttelose dienskneg uit in die buitenste duisternis; daar sal geween wees en gekners van die tande (Matteus 25:29-30).

Ons dink gewoonlik aan die talente in hierdie verse om ons vermoë of spesiale God-gegewe geskenke te wees wat ons kan gebruik as 'n vrywilliger of om net ons naaste te help, maar ons doen nie.

Somtyds wend ons die versteekte talente verse aan wanneer ons die geld begrawe en opstoor wat in ons lewens kon vloei as ons nie so selfsugtig of vreesvol was nie en verkies om die kerk eerder te seën, 'n ministerie van mense in nood met 'n offerande.Maar waarvan ek praat in hierdie hoofstuk is die eintlike *goed* wat ons spaar en begrawe omdat ***ons*** dink ons mag dit nodig hê vir onsself (of soos wat ek ook gedink het, om dit vir iemand anders te spaar wie hierdie *goed* wat oud en uitgedateer is "eendag" sal wil hê") **Nie meer nie**. Daardie dieselfde dag, het my kinders en ek 'n gelofte gedoen om van alles te laat gaan wat ander kan seën: ons tyd, ons liefde, en ook die dinge in ons huis wat ons nie nodig het of gebruik nie. En dit sluit ook enige geld in wat ek nie nou dadelik nodig het nie (in elk geval is al die silwer en goud is Syne, daarom, enige geld wat ek nodig het is reg hier, al wat ek nodig het is om te gee wanneer Hy vir my sê om te gee en dit op Sy manier te gebruik soos wat Hy my lei), wat die rede is hoekom ons ook nooit enigiets sal verkoop nie.

Haai, dit is verstommend, ek het nou net onthou dat ek van 'n kerklid 'n klein nota gekry het wat aan 'n groot donasie vasgeheg was wat gesê het sy het die geld wat sy vir my gestuur het gespaar vir wanneer haar man terugkeer huis toe en dinge verkeerd loop sy "die dag kon red." Sy het gesê dat sy besef het dat sy nie haar man se redder was nie! Haar herstelde huwelik getuienis was ook nou net na my epos toe gestuur, en ek het dit getik en na RMI toe gestuur

Met die fundamentele plan uitgelê en ons almal ooreengestem het, het ek met my jongste dogter begin werk en haar laaie aangepak, en toe in die gedeelde kas ingeklim. Tesame, het al drie van ons, elke item uit die kas verwyder en dit in *een* van die vier houers geplaas. Daar was dikwels versoekings aan die meisies se kant om iets te vind en dit na 'n broer toe te vat (wat vir iets gesoek het) of 'n buur vriend (wie hulle gedink het daarvan sal hou), of selfs om dit net in 'n ander kamer te sit of net buite die deur. Maar ek het hulle gekeer en verduidelik dat dit 'n algemene vanggat vir meeste mense is en hoekom hulle misluk en nooit weer in diep skoonmaak suksesvol is nie. Jy moet die #3 "pak weg" houer gebruik en weerstaan om die kamer te verlaat. Jy moet dit en en elke versoeking of afleiding weerstaan om in staat te wees om die *koers van aksie te voltooi* of jy sal opeindig met 'n groter gemors as waarmee jy begin het. Alhoewel sommige mense jou sal vertel om seker te wees dat jy 'n tyd of dag kies om genoeg tyd te maak om 'n taak soos dit aan te pak (ek sou omtrent 'n jaar terug dieselfde ding gesê het), ek sal nou vir jou sê dat wanneer die Gees in jou beweeg is dit die regte tyd, self wanneer jou kop redeneer dat jy dit later of op 'n meer geskikte tyd moet doen.

Weereens, in ooreenstemming, en ook om versoekings te weerstaan om die kamer te verlaat, baie gou, met almal van ons wat saam werk, het ons 'n #2 weggee sak gevul, wat ek toegemaak het en net buite die deur gelos het, versigtig om nie die deur se ingang te blok nie.

Elke item van klere was op 'n hanger, ons het daarna gekyk en vir die Here 'n *vinnige* vraag gevra, "Het ek dit nodig?" en dit netjies op die bed uitgelê as ons veronderstel was om dit te hou, of van die hanger af te haal en dit in een van die sakke te gooi wanneer Hy ons aangehits het om dit weg te gee.

Die grootste seën het opgeëindig om nie die eind resultaat te wees van die skoon kamer of dit wat ons ander mee kon seën nie. Die taak het uitgedraai om so 'n groot leer ondervinding te wees vir my meisies: nie om net goeie "bewaarders van die huis" te wees nie maar ook spiritueel: om te leer om te hoor en te reageer op die Here. Hulle het ervaar hoe om met die Here te praat, eerder as om hulself te vra, en dan om te reageer op Sy aanwysings. Hulle was ook opgewonde toe hulle kon sien hoe Hy hulle aandag sou trek na 'n skeur of 'n kol op 'n kledingstuk wat weggegooi moes word, of Hy sou hulle kits wysheid gee dat dit nie meer hulle styl was nie; daarom, sou hulle dit nooit dra nie. Somtyds het Hy hulle aangespoor om dit gou aan te trek om te sien of dit dalk nog pas.

Dit het hulle ook geleer om te *laat gaan* van wat hulle regtig nie nodig gehad het nie. Dit is 'n geweldige les opsigself. Almal van ons wil vasklou en opgaar wanneer ons moet laat gaan: ons wil nie laat gaan van mense in ons lewens nie, ons geld, ons goed, of selfs ons obsessies wat ons weet verkeerd is (omdat dit die tyd en die aandag wegneem van die Here af). 'n Ander punt wat ek wil maak, as ek hierdie taak myself gedoen het, sonder om my kinders in te sluit, sou hulle hierdie spirituele les gemis het, en ook, hulle sou gemis het om die keuse te maak om goed weg te gee of weg te gooi, maar dit is nie al nie. Moet nooit die fout maak om deur ander mense se goed te gaan onder hulle nie sodat hulle nie bitter of haatdraend word wanneer hulle later vind iets is nie daar nie (wat jy weggegee het of weggegooi het). Dit is spesiaal waar vir jou man of hy saam met jou bly of selfs al doen hy nie.

As jy nie saam iemand bly nie (man of 'n volwasse kind), maak al hulle goed bymekaar en sit dit in bokse en gee dit vir hulle. Jy kan vriendelik offer om hierdie familielid wat uitgetrek het te help om deur hulle bokse te gaan, maar maak seker dat hulle op een of ander manier hulle goed in hulle besit kry. Toe my eks-man die eerste keer weg was, het ek aan *enige* besitting van hom as 'n afgod geklou. Kan jy jou verbeel. Ek kon net nie laat gaan nie; vandaar, het ek soveel pyn gehad wat voortgegaan het gedurende sy afwesigheid. Het ek genoeg van die Here en Sy liefde gehad, sou ek in staat te wees om te laat gaan met my hart. Dit gaan vir vrouens wie se seun of dogter (of selfs moeder of vader) weg is, vir watookal rede: weggetrek, weggehardloop, of selfs dood is aan 1 natuurlike oorsake of skielik van jou af weggeneem. Ons moet laat gaan sodat God die leemte kan vul, die leemte wat ons met *goed* vul. Dit is soos 'n gewas wat binne ons harte is, dit moet verwyder word vir dit om te genees.

Wonderwerk Verpletter

Laat ek hier inspring met 'n kort storie. Amper ses maande gelede was my suster op die punt om haar eerste baba aan te neem. Sy het vir jare vir hierdie wonderwerk gewag, maar op die nippertjie, het die geboorte moeder gekies om haar baba te hou. My suster was verstaanbaar verpletter. Nadat ek baie tyd spandeer het om haar te troos, het ek die Here nagejaag vir Sy wysheid toe ek een dag oortuig was dat sy haarself sou leed aandoen. Toe sy my gesmeek het om haar te help, wat uit my mond uit gekom het was net so skokkend vir my as wat dit vir haar was. Ek het vir haar gesê sy moet die geboorte moeder kontak en haar met al die baba items wat sy gekoop het en as geskenke gekry het seën, dat dit vir *daardie* baba was, en dat God haar daardeur sou seën. Sover ek weet het sy nooit my advies gebruik nie; en ongelukkig, het sy sedertdien nie met my gepraat nie. Maar dit weet ek, sy het nog aaklige seer en vul haar lewe met nog goed, terwyl die baba goed stof opgaar.

Waar om te stoor?

Nou terug na die goed wat jy vir familie stoor vir familie wat nie saam met jou bly nie: as hulle nie hulle goed wil of kan kry nie, vra eenvoudig vir die Here ***waar*** jy dit moet stoor. Moet nie aanneem dat jy dit moet hou nie. Wanneer jy 'n gedagte, of 'n prentjie in jou verstand kry, of 'n woord hoor, gehoorsaam dit eenvoudig. Moet jou nie bekommer dat jy verkeerd kan wees nie. Hy kan dit later regmaak; voer net uit wat jy glo Hy sê of vir jou wys. Dit is die eerste stap om van die Here te hoor.

O, nog een voordeel om die persoon by jou te hê wanneer jy dinge uitsorteer om weg te gee of weg te gooi, as hulle nie in die proses belê nie, sal hulle dit nie so hou nie! As 'n moeder, is daar "gee leiding as 'n jongmens" lesse wat nie meer geleer word nie. Jy mag hulle dalk nie jouself geleer het nie, maar dit maak om saam te leer selfs meer pret!

Toe ons die kas, laaikas en onder die bed heeltemal leeggemaak het, het ek my jongste dogter gevra om die kamer en kas te stofsuig, terwyl die ander dogter agterna gevolg het en die kas en rak afgegevee het en elke laaikas laai afgevee het. Soos met my meisies, sal jy verstom wees hoe jy voel wanneer alles skoon is!! Toe word die proses selfs beter. Ons het toe begin om die klere terug in die baie skoon kaste te hang, klere wat ons op die bed uitgelê het, saam met 'n paar items in #4 wegstoor (wat teruggaan in daardie laaikas, of kas wat jy nou net skoongemaak het; nie net onder die bed nie). Ons het toe dieselfde gedoen met wat in hulle laaikas ingegaan het.

En soos voorheen, het ek hulle aangemoedig om te praat en **die Here** te ***vra*** om hulle te help om te weet wat om te doen soos wat hulle elke item opgetel het—om Hom te vra om hulle wysheid te gee, en hulle aan die vers te herinner, "As een van julle wysheid kortkom, moet hy dit van God bid, en Hy sal dit aan hom gee, want God gee aan almal sonder voorbehoud en sonder verwyt" (Jakobus 1:5 AFR 83).

Verbasend, binne 'n tydperk van net 'n paar uur, terwyl ons tyd saam spandeer het met 'n gelag, gepraat en gesing, het ons finaal uitgeloop, omgedraai en by die deur gaan staan van hulle pragtige nuwe kamer! En die seëninge het ook nie toe gestop nie ...

In die loop van een week, net voor my kinders oppad was na hulle vader se troue, het die Here ons soveel meer kamers in ons huis laat oorwin!! Wow, dit was so wonderbaarlik bevrydend!! Een kamer waaraan ek nooit gedink het nie—die badkamer—God het ons dit ook laat doen! Soos vantevore, deur 'n reeks gebeurtenisse (toe ek nie die oor medisyne vir my seun kon vind wat water in sy oor gehad het), het ek onmiddelik 'n salwing ontvang wat my getref het.!!

Soos vantevore, het ek my dogters gevra om by my aan te sluit, ek het begin om *alles* uit die badkamer te verwyder in groot emmers (ek bedoel alles) te pak. O, wee, wat 'n wonderlike Man het ek wonderlike Vader vir my kinders. Hy het geweet hoeveel hierdie badkamer 'n skoonmaak nodig gehad het aangesien daar drie meisies was wat vir amper 'n jaar die spasie gedeel het! En Hy het nog 'n faset aan die organisasie van hierdie spasie gevoeg, en dit was om "soortgelyke" dinge bymekaar te sorteer. Dit was iets wat die Here my gelei het om te doen terwyl ons meeste van ons leë houers weggegooi het.

Op ons kombuis tafel het Hy ons gelei om saam te sit en dan "soortgelyke" items saam te groep: haar items (sjampoe, borsels, rubber rekkies); orale higiëne items (tandeborsels, mondspoel, vlos, witmaak produkte); gesig items (grimering, velreinigers middels, ens.); liggaamlike items (skeermesse, velwater); meisie goed (soos wat my meisies na verwys as hulle *maandelikse tyd*); en eerstehulp (verbande, alkohol, antibiotiese salf). En om die jongste dogter besig te hou (sy neig om af te dwaal), het ek haar gekry om by die opwasbak te staan om die plastiese houers te was wat help om die laaie te organiseer. As die organisering van "soortgelyke" items nie is hoe jou laaie, kaste/laaikaste georganiseer is nie, dan is dit hoe jy hulle organiseer. Vra Hom om seker te wees.

Toe die sortering alles gedoen was en die plastiek houers gewas was sodat alles terug in die houers kon gaan, het ons saam die badkamer geskrop en poleer—wat soveel makliker is wanneer dit leeg is—viola, dit het eintlik weer na 'n nuwe huis gelyk! Toe het ek dat elkeen van die meisies die persoonlike handelsnaam sjampoe wat hulle elkeen gebruik het neem en dit in die stort plaas. Volgende, het ek elkeen van die meisies gevra om hulle persoonlike items bymekaar te maak en een van die vier laaie kies. Toe aangesien daar laaie was wat oop was, het ons al die elektriese aangedrewe items bymekaar gemaak (haardroërs, warm krullers en reg uitmaak haarysters) vir die naaste laai langs die uitlaat en het die meisie goed (soos my meisies verwys na hulle *maandelikse* tyd), diskreet in die onderste laai geplaas.

Terug in die kombuis, het ons die res van die items bymekaar gemaak en hulle in hulle groepe geplaas op die onderste badkamer rakke (in ooreenstemming met waar hulle inpas; gebaseer om hoogte) en elke rak GEMERK. Wow, ja, dit was "fenominale" organisasie—alles omdat Hy dit gedoen het!! Ons het die binneste rand van elke laai ook gemerk, sodat ek maklik kon sien wie nie haar laai skoon en organiseerd hou nie.

Dit, liewe moeders, is iets wat ek jou aanraai om daagliks te doen: loop deur jou huis "Hou goeie toesig oor jou huishouding" en gee elke kamer, laai en kas 'n vinnige blik sodat jou kinders dit skoon hou. Dan gou, kan jy die opvolg taak net een keer per week doen om net na te sien op alles, en dan, gou, net een keer per maand! Persoonlik, hou ek daarvan om deur te loop met my koppie koffie net voor almal wakker word of besig is om wakker te word, sodat ek ook soene op nuut geopende oë kan uitdeel!

In die begin, het ek gedink dat die opvolg net nog 'n "taak" was waarvoor ek nie tyd gehad het nie. Maar, sodra ek dit as 'n kantoor notifikasie op my foon opgestel het, het ek gevind dat terwyl ek opvolg, het ek dieselfde TINTELING gekry het as toe ek dit eers gedoen gekry het!! Soos wat ek gesê het, met koffie in die hand, en die uitdeel van oggend soene aan kinders wat wakker word, het dit iets geword waarna ek uitgesien het!

Aha, maar wat van daardie goed wat jy wel vind wat uit plek is in hulle laaie of kaste? Wel, in die begin, het ek dit net gedoen: opgevou, en gesit waar dit hoort. Met ander woorde, dit was ek wat daarna omgesien het. Tot dat die Here my skuldig bevind het dat dit die lui manier was. So in plaas daarvan, het ek dit net gelos en die kinders gevra om hulle eie gemors reg te maak, soos wat ek toesig gehou het, en weet jy wat? Dit is die ***enigste*** manier om iemand ontslae te laat raak van 'n slegte gewoonte—om dit nie jouself reg te stel nie—maar om liefdevol vir die persoon te ***vra*** om dit te doen. As jy iets self skoonmaak of regmaak, sal dit nie 'n permanente verandering teweeg bring nie omdat daar geen nagevolge is nie. En iets anders...

Die Here het my begin leer, soos wat ek Hom onlangs gesoek het om my kinders op te lei (aangesien ek soveel van die tyd weg was), dat tensy ek nie ook werk **byvoeg** by watookal hulle nie gedoen het nie, is ons die met die las, nie waar die las moet lê nie, op hulle. Dit is nuut tot my kinder opvoeding en dit werk uitstekend uit aangesien dit wysheid van God is.

Wat die Here my gelei het om te doen (toe ek finaal moeg geword het om oor te doen en oor skoon te maak) was om daardie items uit die laaie of kaste te haal en dan om vir wieookal te vra om dit netjies terug te plaas waar dit behoort. Ook wanneer jy meer as een kind het wat 'n kamer deel is dit somtyds moeilik om te weet *wie* besig is om die omkrap te doen met sommige items wat rondlê, maar dit is wanneer jy om die Here roep om jou te lei. Hy moet in die senter van alles wees as ons 'n lewe van vrede en gemak wil lewe! En sou jy 'n fout maak, en die verkeerde persoon vra, dan kan jy dubbel eis. Jesaja 40:2, "Bring vir Jerusalem die goeie tyding, sê vir hom sy swaarkry is verby, hy het geboet vir sy sonde, hy het van die Here die volle straf ontvang vir alsy sondes".

En leer die beginsel vir die persoon wat geforseer was om iets onregverdig te doen, en haal Jesaja 61:7-8 aan, "In plaas van vernedering sal julle TWEE KEER soveel besittings hê as tevore, in plaas van minagting sal julle lof ontvang oor wat julle besit. Julle sal in julle land TWEE KEER soveel besit as tevore en julle sal altyd vreugde hê. Ek is die Here, *Ek het* **die reg lief**, Ek haat roof en misdaad. In my trou sal Ek my volk gee wat Ek beloof het... Ek sal 'n ewige verbond met hulle sluit."

O, een deel wat ek vergeet het, nie net moet jy 'n oomblik neem om jou te verheug nie in wat Hy gedoen het nie, maar jy sal ook nodig hê om **om te sien na daardie houers.** Wees seker om onmiddelik jou vullis toe te bind en weg te gooi. Plaas die sakke vir weggee reguit in jou kattebak van jou motor of êrens waar jy weet dit verseker **uit** jou huis en binne die hande van die liefdadigheidsorganisie (die een wat HY tot jou gedagtes bring; en moet nooit aan die Heilige Gees twyfel as jy van God wil hoor nie). Die reël is, "Moet nooit houers ***in*** die kamer los of dit sal 'n magneet wees vir meer goed om daar op te gaar of selfs erger, iemand sal daardeur gaan en goed uithaal!"

IN en UIT Reël

Gebruik die IN en Uit reël om elke kamer wat jy ontrommel het skoon en organiseerd te hou, sonder My kan julle niks doen nie soos Johannes 15:5 sê, "Ek is die wingerdstok, julle die lote. Wie in My bly en Ek in hom, dra baie vrugte, want sonder My kan julle niks doen nie.

Ons huise behoort 'n veilige hawe te wees wat maklik is om skoon en organiseer te hou; maar, sonder Hom kan ons niks doen nie soos wat Johannes 15:5 sê, "Ek is die wingerdstok, julle die lote. Wie in My bly en Ek in hom, dra baie vrugte, want sonder My kan julle niks doen nie."

As hierdie twee hoofstukke 'n begeerte om jou lewe te verander aangewakker het, moet asseblief nie jou moue oprol en te werk gaan nie. In plaas daarvan, neem 'n oomblik en praat eenvoudig met die Here oor jou begeertes—en los dan jou begeerte met Hom ieder en elke keer wat dit in jou verstand kom. Dan skielik, sal Hy beweeg en jou die begeertes van jou hart gee, saam met die salwing—en jou 'n skoon rommelvry, georganiseerde huis gee terwyl Hy ander seën met dinge wat jy eenvoudig nie nodig het nie, en as jy kinders het, 'n manier op hulle op te voed om vir ewig en altyd op Hom te vertrou!

As jy 'n getuienis het van hoe die Here met jou en jou huis te werk gegaan het, dien dan of 'n lof verslag in of moontlik 'n Wat Ek Geleer het vorm in om almal wat RMI besoek mee te seën!

Moet nie wag nie, doen dit vandag om die glorie aan die Een te gee wie al ons lof verdien!!

~Michele
Skrywer van RMI se Oorvloedige Lewe Reeks

Hoofstuk 1

Maak die Beste van Jou

Lewe

Laat Haar Werke Haar Roem Wees!

"Daar is baie knap vrouens,
maar jy oortref hulle almal . . .
Gee haar wat haar toekom vir alles wat sy doen;
laat haar werk haar roem wees in die stadspoorte.
—Spr. 31:29-31

Enigiemand wat my agtergrond ken sou dink dit is baie lagwekkend dat ek nou bekend staan vir organisering en hoe om 'n huis netjies en in orde te hou! Dit wys net dat God 'n sin vir humor het, en dat met God, is alles moontlik!

Toe ek getroud is, kon ek nie kook nie, nog minder het ek geweet hoe om huis te hou! Niemand het my geleer nie, en nog minder het ek 'n voorbeeld gehad om te volg.

My moeder, seën haar hart, was lief vir haar kinders (al sewe van hulle), maar aangesien sy in 'n rykmanshuis met bediendes groot geword het, en as 'n enigste kind, het sy nooit geleer om ***enigiets te doen nie***! Toe sy baie jonk was (net 16 en 'n jong Meisie in die Padvinder kamp), het sy saam met my vader weggeloop, wat ook uit 'n rykmanshuis gekom het!

My moeder se moeder (my ouma), het haar nooit toegelaat om in die kombuis te wees of tyd rondom die bediendes te spandeer nie. Sy het nooit haar klere weggepak of selfs haarself aan te trek nie! Haar maaltye was aan haar bedien. My vader het sy maaltye in die eetkamer van 'n hotel gehad waar sy familie in die dakwoning gebly het.

Teen die tyd wat ek gearriveer het (ek is hulle sesde kind), het my moeder jare van ongeorginiseerdheid en verbrande maaltye gehad. My vader het dikwels hulp gehuur, maar hulle was gou verjaag omdat my moeder gevoel het dat hulle 'n "Inbraak," gemaak het en haar net aan haar ongelukkige kinderlewe herinner het.

Ons waskamer, toe ek grootgeword het, was meestal met wasgoed opgestapel wat miskien "maandeliks" gedoen was. Maaltye wat altyd laat en gebrand. My moeder sou 'n dosyn maaltye kook wat oor en oor herhaal was. Meeste van ons (haar kinders) het probeer om na die bure genooi te word vir aandete, of sou meestal 'n bak ontbytgraan eet!

Nietemin, my moeder was regtig lief vir ons—ons het dit almal geweet! Dit was as gevolg van haar liefde dat ons almal meer as reg uitgedraai het. Miskien was ons 'n bietjie getraumatiseer deur die huis waarin ons groot geword het, maar dankbaar, kan meeste van ons nou daaroor lag! My susters, het ongelukkig, nooit geleer hoe om huis te hou nie. Almal van hulle kook beter as my moeder, maar hulle huise—wel, dit is 'n ander storie.

My broers is met vrouens getroud wat mooi, skoon huise gehou het (wel, ten minste twee van hulle het). Vir my, was dit 'n "God's ding" dat my huis skoon en wel-organiseerd met goeie tuisgekookde maaltye was. Soos met alle areas van my lewe, het God het my van tragedie na triomf toe gebring. Ek moes in my moeder se spore gevolg het, maar God het my bevry en Hy is op die punt om jou ook te bevry! Ek is dankbaar, dat my huis vandag altyd skoon en netjies! Ons het maaltye op die tafel op dieselfde tyd elke dag, en met dankbaarheid, het ek niks in jare gebrand nie!

Om hierdie siklus selfs verder te breek, gaan ek voort om my dogters op te lei sodat wanneer hulle trou, hulle goed voorbereid sal wees om huis te hou. Almal van hulle (selfs my seuns) het geleer hoe om die wasgoed te doen, om skoon te maak, en te kook. Dit is my begeerte om elkeen van julle aan te moedig om ‘n ware ouer vrou te word wat sal leer en aanmoedig wat reg is om ten minste een jong vrou te help om te leer hoe om ‘n huis ‘n tuiste te skep. Sal jy dit doen? As jy dogters het, hopelik is hulle gewillig om te luister en by jou te leer. Indien nie, bid, en sien wie die Here vir jou het om in te saai.

En vir die van julle wat nooit reg opgelei is nie, ek is ‘n ouer vrou. My agtergrond bewys dat die nie saak maak wie jy is, of waar jy vandaan kom nie, God kan jou bevry om dit eintlik te geniet om jou huis ‘n tuiste te maak! Hierdie boek sal jou riglyne gee, maar dit sal GOD wees wat jou sal hervorm en Sy Heilige Gees wat jou sal lei soos wat jy Hom aanhoudend na streef!

My bediening moedig vrouens in alle gebiede van hulle lewens aan. Benewens my eie getuienis, is my missie om beginsels te deel wat letterlik jou lewe sal verander, sodra jy hulle omhels. Hier is die eerste:

“Jesus het reguit na hulle gekyk en gesê: ‘Vir mense *is* dit onmoontlik maar **nie** *vir* **God** nie, want vir **God is alles moontlik**” (Markus 10:27)

As dit jou probleem is om ‘n skoon huis te hou, mag dit onmoontlik lyk met jou besige skedule, maar nie *vir* God—alles is moontlik *vir* God!

As dit jou probleem is om organiseerd te bly, mag dit onmoontlik lyk met jou persoonlikheid, maar nie *vir* God nie—alles is moontlik *vir* God!

As dit jou probleem is om by te hou met die wasgoed, mag dit onmoontlik lyk met al die kinders wat jy het, maar nie *vir* God nie—alles is moontlik *vir* God!

As jou probleem kook is, mag dit onmoontlik lyk omdat jy nooit daarvan gehou het om in die kombuis te wees nie, maar nie *vir* God nie—alles is moontlik *vir* God!

Gaan God binne

Maak nie saak wat die probleem gebied van jou lewe is nie, wanneer God in daardie deel van jou lewe intree, sal dit verander! Meeste van ons maak nooit staat op God of vra om Sy hulp nie, maar in plaas daarvan, sukkel ons om dinge in ons eie krag te doen deur op ons eie insigte staat te maak van wat ons dink ons moet doen. Dit is nie totdat *ons genoeg gehad* het dat ons na Hom toe uitroep. Hoekom wag?

Maak nie saak hoe klein of groot die probleem is nie, die Here *wil* **jou** help. Hy is *gretig* om ons genadig te wees! Ontsagwekkend! "Tog is die HERE **gretig** om julle **genadig** te wees en wil Hy Hom oor julle ontferm: Die Here is 'n God wat reg laat geskied, en dit gaan goed met elkeen wat op Hom vertrou" (Jesaja 30:18).

Die Bybel sê dat Hy eintlik vir harte soek wat totaal uitverkoop is om Hom te soek, sodat Hy ons sterk in ons pogings kan ondersteun! "Die Here het Sy oë oral op die aarde sodat Hy dié kan help wat met hulle hele hart op Hom vertrou . . ." (2 Kron. 16:9). Hy wil ons al die begeertes van ons harte gee, van 'n skoon huis, na skoon klere, na 'n huis wat effektief gehardloop word. "Vind jou vreugde in die HERE, en Hy sal jou gee wat jou hart begeer. Laat jou lewe aan die HERE oor en vertrou op Hom; Hy sal sorg" (Ps. 37:4-5).

God hou daarvan om Homself sterkte aan ons te bewys deur ons onthalwe, spesiaal die mees hopelose gevalle nes myne (en miskien joune), sodat Hy AL die glorie kan kry! “Ek is die Here die God van al die mense. Is iets vir My onmoontlik?” (Jer. 32:27).

So hoe het iemand soos ek geleer om bekend te wees vir die organisaseering en instandhouding van ‘n goed bestuurde huis, *terwyl* ek sewe kinders van my eie *gehad* het en ‘n bediening wat uit ons huis bestuur word? Deur **Hom na te soek** ***en*** **deur nederigheid.**

Soek na Hom

Toe ek nogal jonk was (miskien so twaalf jaar oud), het ek die frustrasie onthou om nie in staat te wees om klere te vind om te dra nie. My moeder het (omtrent een keer per maand) vir ons ‘n groot hoop wasgoed gegee, en dan sou ons dit net in *enige* laai sit waar daar plek was. Soos wat ek deur my frustrasie gebid het (ek het die Here as my Redder aanvaar toe ek sewe was, alhoewel ek in ‘n Katolieke huis grootgeword het), het die Here vir my ‘n wonderlike idee gegee! Ek het gedink, Sjoe, sou dit nie n puik idee wees as daar een laai vir hemde, een vir broeke, een vir onderklere en sokkies, ens was nie . . .?” So toe organiseer ek my eie laaie, en het altyd gedink dat ek ‘n nuwe idee uitgedink het! Dit was jare later wat ek uitgevind het dat dit die manier is hoe meeste mense lewe!

Toe ek met my man getroud is, het hy vir my gesê dat sy moeder die badkamers gereeld skoon gemaak het

Ek was verstom! “Regtig!” het ek gesê, “Hoe dikwels? “Ek dink, een keer per week.” Toe het hy verduidelik oor om gereeld te stofsuig en ander daaglikse, weeklikse, of maandelikse “huiswerk” (‘n woord wat ek gedink het net van toepassing is op mense wat op ‘n plaas bly (plaaswerk).

Die kennis was helpvol, maar aangesien ek nie in ‘n omgewing grootgeword het soos dit nie, het ek nie geweet hoe om dit in my alledaagse lewe in te werk nie. Soos wat ek gebid het, het die Here 'n sisteem in my verstand gebring wat my broer my geleer het deur om 3x5 kaarte te gebruik wat my gehelp het om alles 'A's" in kollege te kry. Dit is hoe my 3x5 kaart metode begin het. (Jy sal alles hieroor leer in 'n toekomstige hoofstuk.)

Nederigheid

Nederigheid was hoe ek geleer het om te kook. Gedurende die twee jaar, toe ek God nagestreef het om my huwelik te herstel, het ek BAIE gevas. Dit sê in die Skrif dat vas die hart nederig maak.

Dit was maklik om te begin leer om te vas gedurende hierdie periode van my lewe, omdat ek regtig *nie kon* eet nie! ek het te veel seer gehad aangesien my man saam met 'n ander vrou gebly het en ek was agtergelaat met vier klein kinders om vir te sorg. In ons bediening noem ons dit die "ontrou dieet."

So, aangesien ek nie "kon' eet nie het ek goeie gebruik daaruit gemaak en vir 'n doel gevas. Terwyl ek gevas het, het ek myself vir die eerste keer opgewonde gevind om te kook en my kinders te voer. Dit was ook 'n "God's ding"—ek het genot daaruit geput om hulle dop te hou terwyl *hulle* geëet het!

Ter aanvulling, vir die eerste keer, het ek erken dat ek nie 'n goeie kok was nie, ek het alreeds my bediening vir vrouens begin, en gedurende die vergaderings, sou ek dikwels sê dat ek nie kan kook nie. Die resultaat was dat soveel vrouens tot my redding sou kom, om my te help en te leer! Hulle het vir my maklike resepte gegee en het selfs langs my gestaan om my te wys hoe om eenvoudige dinge te doen soos om 'n appel te skil om 'n appeltert te maak

Teen die tyd wat God my huwelik twee jaar later herstel het, het God my in 'n goeie kok transformeer! My man het teruggekeer na 'n vrou wat kon kook (met baie ander veranderinge). God was selfs getrou om my man te verander, wat, as gevolg van al die beproewings wat hy gehad het terwyl hy by die AV (ander vrou), gebly het wat God sê sal gebeur met 'n man in owerspel, het hy geleer om dinge in die huis en in in die kar reg te maak! Is God nie getrou nie?!

Die tekort aan nederigheid was nie die enigste ding wat in die pad gestaan het met betrekking tot kook nie. Die oorsaak van die wortel was die glo en aanvaarding van 'n leun. Ek sal jou eerlik vertel dat ek nooit 'n goeie kok wou word nie, omdat ek geglo het dat alle goeie kokke vet was! My moeder was 'n groot vrou, en ek wou nie om 'n "goeie kok te wees" by my genetika voeg wat na vetsug geleun het nie.

As dit jou bekommernis is, laat die waarheid jou vry maak—dit is 'n leun uit die put "van jy weet waar!"

Daar is GEEN vloek wat jou kan aanraak nie omdat dit gebreek was toe die Here aan die kruis vir jou en my gesterf het. As jy 'n kind van God is, het die vloek geen effek op jou nie, tensy jy dit aanvaar! Hier is die bewyse: 'n Paar jaar terug, eintlik net na my 40ste verjaardag, het ek begin probleme met my gewig kry. Toe my sewende kind gebore is, en na ons agtste (wat ek ongelukkig verloor het), was ek nie in staat om die gewig wat ek normaalweg sou verloor na 'n geboorte of miskraam te verloor nie. Dit is toe dat my broer en suster begin daarop aandring dat ek die vloek wat op ons familie rus met 'n metabolisme en skildklier afwyking moes aanvaar. Hulle was reg, ek het AL die simptome gehad, maar ek het geweier om dit te aanvaar!

Eendag, het ek voor die spieël gestaan en ***na die Here uitgeroep*** om my maer te maak. Ek het berou gekry oor al die tye wat ek nie deernis gehad het met vrouens wat oorgewig was, en dat ek nie vir God die glorie gegee het dat ek in staat was om maer te bly (ek het meer as 90 kg opgetel met almal behalwe een swangerskap!). Deur die genade van God, was ek in staat om baie maer te wees teen die tyd wat elke baba net n paar maande oud was. Nadat ek berou oor alles gehad het wat die Here tot my gedagtes gebring het, het ek my gewig en grootte vir Hom gegee!

Die moeilikste deel was om nie God te *help* om dit te doen nie. Gedagtes van verskillende soorte dieëte, meer water drink, oefening, ens., ens. het deur my gedagtes gemaal. Vir drie tot vier maande, was ek "in die versoeking" om God te help toe skielik, dinge begin *gebeur* het!

Ek het begin om lus te word vir verskillende kosse, en begin voel dat my denim losser gesit het. Ek het NOOIT weer op die skaal geklim nie, so ek was nie in die versoeking om opgewonde te raak oor my gewigsverlies en dit te vier deur te oor eet nie. Nog minder wou ek depressief voel as ek gewig opgetel het. Ek het my grootte aan die Here oor gelaat, vir Hom om dit te doen en my die begeertes van my hart te gee—wat was om 'n "*los* nommer 10." te wees.

Eerlik, ek kan jou nie vertel hoe God dit gedoen het nie. Dinge het van dag tot dag verander, maar een ding is verseker—Hy was in beheer! Daar was geen bekommernisse, geen gekniesery, geen harde werk. Daar was nie 'n getel van koolhidtrate of kalorieë nie. Daar was geen honger of om myself te ontneem nie, wat eintlik tot die om 'n *obsessie* met kos te hê sal lei.

Slegs vier maande later, was ek 'n los nommer 10. Ek het by 'n stywe nommer 16 begin, wat vir my lengte van amper 1.77-meter nie *so* sleg is nie, maar dit was nie ek nie, nog minder was dit die begeerte van my hart! Maar weet jy dat God LIEF is om vir ons te gee bo wat ons ooit kon hoop of dink, of vir vra? Hy doen! Ek het aan gehou om te krimp, en myself by 'n nommer ses gevind! Dit was die nommer wat ek was toe ek my man na sy hoërskool reünie toe vergesel het! Is God nie goed nie?!

Mag ek net 'n kort epiloog byvoeg om aan my Beminde self-meer lof te gee? Dit was by my eks-man se hoërskool reünie wat veroorsaak het dat 'n ou vlamvonk vat met sy hoërskool liefde met wie hy getroud was binne die eerste jaar van ons egskeiding. Alhoewel ons gesprekke deur epos het, het ek haar nog nooit gesien vandat sy by my man betrokke was nie. Die laaste keer wat hy my gesien het, was ek sonbruin, pragtig, en 'n nommer 6!! Is die Here nie te goed om waar te wees nie?

Ek vertel jou dit om jou aan te moedig om op God te VERTROU om dit te doen! ***Roep uit na Hom*** toe, en staan terug en laat Hom dit doen! Dit is moontlik die moeilikste deel! Maak nie saak op watter gebied van jou lewe jy sukkel nie, as Jy om God roep, gee die probleem oor aan Hom, en weer hou jou daarvan om Hom te help (wat gewoonlik deur vier maande van versoeking en beproewinge)—God sal dit *vir* jou doen, en met geen sweet nie! In plaas daarvan, alles, en ek bedoel ALLES, sal die lof en glorie na Hom toe gaan!

Soos wat ek vroeëer gesê het, hierdie boek en al my boeke gee jou riglyne, wysheid en kennis—maar dit sal God wees wat al die veranderinge aanbring. Gee HOM, dan, die glorie!! Dit is al wat Hy wil vir jou wil hê deur jou te seën!!

Nietemin, hoop ek dat jy opgemerk het uit die begin van my gewigsverlies getuienis dat die eerste stap berou was. God sou nie in hierdie area van my lewe beweeg het totdat ek eers berou gehad het vir die tekort van deernis vir vrouens wat oorgewig is nie. Tweedens, ek moes berou hê dat ek nie vir God die glorie gegee het vir wat Hy gedoen het deur my maer te hou na elke swangerskap nie.

Wanneer jy vra "waarom" daar so baie huishoudings is met gaos en onnet neigings, het God een Bybel vers in my geheue gebring as die wortel rede gegee. Dit is nie die gebrek aan kennis, of 'n tekort aan deernis (of om 'n leun te glo nie, soos dit in my geval was), maar dit is ook gewortel in 'n algemene sonde wat heersend in ons feministiese "ek eerste" samelewing is!

Selfsugtige Ambisie

Is daar regtig *enige iemand* wat nie 'n huis wil hê wat skoon is en vlot verloop nie? Nietemin, is meeste huise wat ons sien nie so geseënd nie. Soos wat ek in die toewyding gesê het, of te wel jou huis skoon en netjies is, wel-organiseer en vlot varend, kalm en rustig, gelukkig en vreugdevol, sal heeltemal van **jou** afhang.

Sommige van julle het 'n lewe gekies wat te besig is met buite aktiwiteite. Jou huis weerkaats die dolle gejaag met gaos en wanorde! Die wortel oorsaak vir baie van ons kan gevind word in Jakobus 3:16 wanneer dit sê, want waar daar *naywer* en *selfsug* is, kom daar **wanorde en allerhande gemene dade**."

Wanneer "my eie agenda" eerste en belangriker in my lewe bo God se plan is, wat my die verantwoordelikheid gee om my huis skoon en doeltreffend te laat hardloop, dan is dit selfsugtige ambisie. Enige tyd wat dit in my lewe inkruip (gewoonlik voort gebring deur selfsugtigheid en selfbejammering), dan is my huis en my lewe in wanorde en gemene dade heers.

Meeste vrouens wie buite die huis werk het nie 'n welbesteede huis nie, in plaas daarvan is dit gewoonlik vieslik! Maar verbasend, selfs bly-by-die-huis moeders kan n huis hê wat dieselfde lyk: onnet, vuil, en onorganiseerd.

Dit kan ook die onbelyde sonde van jaloesie of naywer wees wat jou huis en jou lewe in konstante wanorde hou. Weer, sê die vers, "want waar daar *naywer* en *selfsug* is, kom daar wanorde en allerhande gemene dade." (Jakobus 3:16).

Wanneer ons iemand sien wat het wat ons dink ons behoort te hê, in plaas van wat God ons wil gee. Veroorsaak dit dat ons betrokke raak by aktiwiteite wat ons en ons kinders se lewens, en ons familie se lewe net te besig hou om by te bly!

Probeer jy om by te bly met jou vriende of om jou familie te beïndruk, eerder as om te probeer om eenvoudig in die Here te rus? As jy 'n mens-behaer is, en probeer om die goedkeuring of lof van ander te kry, **sal jy uitgemergel wees.** Weet wie jy is in Jesus. Ken Sy onvoorwaardelike liefde. Jy hoef nie EEN ding vandag te doen om Sy liefde te win nie—die Here en Sy liefde is daar vir jou onvoorwaardelik!

God is NIE 'n God van *wanorde* nie. Ons weet dat God nie 'n God van wanorde is nie; daarom, wil Hy nie hê ons moet in verwarring of wanorde lewe nie. Eerste Korintiërs 14:33 sê, "God is tog **NIE 'n God van *wanorde* nie**, maar van orde en vrede . . ."

Die mees belangrike ding wat jy kan doen is om gelukkig en voldaan te wees "tuisteskepper" (of jy ook buite die huis werk, en of jy geseën is om by-die-huis-te-bly) is om die vrede te vind WETENDE dat die Here gelukkig, genoeë, en lief vir jou is, maak nie saak wat jy vandag doen of nie doen nie. Vind daardie vrede en rus in Sy liefde vir jou. Sodra jy Sy liefde en vrede voel, dan sal alles in plek begin val.

Jy sal vind dat jou lewe begin verander. Sommige dinge sal weggaan, en vervang word met ander dinge. Alles sal begin om in die geskikte orde te kom, en saam met dit, sal VREDE agter bly. Jou vreugde sal oorvloei na jou familie toe. Jou voldanigheid sal elke gebied van jou lewe en elkeen van jou verhoudings versterk.

Soos wat ek hierdie eerste hoofstuk afsluit, bid ek dat voor jy nog lees, jy hierdie fundamentele hoofstuk sal lees en herlees. Soos wat jy dit doen . . .

Skryf Jou Gedagtes Neer

Aan die einde van baie van die hoofstukke is daar blanko papier. Ek het hierdie gebied uitgekies vir jou "notas." Terwyl jy die volgende bladsye lees, skryf die gedagtes of planne neer wat God vir jou gee soos wat Hy hulle tot jou gedagtes bring.

Ook, kan jy vetkryt of gekleurde potlode gebruik (Nie een sal deur die bladsy syfer nie) soos wat jy lees dinge uit te lig en wat jou gees aanwakker of wat ‘n antwoord op jou gebede mag wees. Voel vry om in die kantlyn te skryf, en maak notas aan jouself. Die belangrikste, geniet!

Skryf jou gedagtes neer uit hierdie hoofstuk. Waaroor het die Here met jou gepraat oor jou lewe? Het Hy jou sagkens probeer aanmoedig om van sommige dinge te laat gaan, of om jouself aan Hom oor te gee? Skryf die gedagtes uit jou hart neer.

Hoofstuk 2

Maak die Beste van Jou

Spasie

Verwyder die Rommel

'n Luiaard se pad
is met dorings besaai;
'n opregte mens het 'n gelyk pad.
—Spr. 15:19

Hierdie was voorheen Hoofstuk 7 'n paar hersienings terug, maar dit was na die voorkant van die boek geskuif. God het my begin aanhits om dit na die tweede hoofstuk te skuif toe ek sien dat soveel vrouens, wie die *tuisteskeppers* boek gelees het, wat ***begin*** het om die rommel uit hulle huise te verwyder. Alhoewel dit nie oorspronklik op daardie manier geskryf was nie, was dit duidelik God se manier—dit is waar *Hy* ook in *jou* lewe wil begin. Neem tyd om die hoofstuk reg deur te lees, en miskien selfs 'n tweede of 'n derde keer, voor jy enige aksie neem. Ontrommeling is 'n beginsels wat jy moet *leer*. Dit is nie net eenvoudig 'n taak wat jy moet aanpak nie.

Ek is al vir baie, baie jare passievol oor organisasie. Tog, toe ek my eerste boek gelees het oor ontrommeling van jou huis, het dit 'n paar dae gevat om regtig in te sink. Dit is toe dit alles begin sin maak. Ek het by myself gedink, "Vir al hierdie jare, het ek regtig **rommel** organiseer en herorganiseer!"

Rommel is 'n Hindernis

Wat presies is rommel? Rommel is enige *dinge* waaraan jy vashou wat jy *eerlik* nie meer gebruik nie. Dit mag dinge wees wat jy *dink* jy in die toekoms mag gebruik. Nietemin, goed wat jy, huidiglik, regtig nie meer gebruik nie is niks meer as opgaar goed nie, wat lei tot selfsugtigheid.

Rommel is dan, opgaar van die dinge wat jy regtig moet "laat gaan." Dit is die goed wat jou wedloop strem, dit is die hindernisse wat jou moeg en oorweldig laat voel. "Terwyl ons dan so n' groot skare geloofsgetuienis rondom ons het, laat ons elke **las** van ons afgooi, ook die sonde wat ons so maklik ***verstrik,*** en laat ons die wedloop wat vir ons voorlê, met volharding hardloop . . ." (Hebr. 12:1).

As jy dinge het wat jy huidiglik nie gebruik nie (Ek praat van dinge wat mooi is en op een of ander manier waarde het), dan deur dit weg te gee (selfs aan iemand wat jy nooit sal ken of ontmoet nie, wanneer jy byvoorbeeld dit aan 'n 2de handse winkel gee), seën jy iemand wat dit nooit mag gehad het nie en wat hulle *nodig* gehad het omdat jy nie in staat was om te "laat gaan" nie—eenvoudig omdat **jy** dit nog *wil hê*.

Jy sal nie net iemand anders seën nie, maar jy sal ook die vrugte pluk deur meer laai spasie en/ of kas spasie te hê! Die grootste beloning is hoe ongelooflik maklik dit vir jou en jou familie sal wees om jou huis ontrommel te hou!

My familie het letterlik (na ontrommeling) omtrent die *helfte* van wat ons besit het oor, en ons het nie 'n ding gemis nie! Elke keer wat ons ontrommel (die laaste twee kere omdat ons getrek het), was daar 'n vrede wat in en oor ons hele familie gerus het. En as dit nie genoeg was nie, jou huis bly netjies en ordelik totdat jy weer moet ontrommel.

Jy mag meer as gewillig wees om te laat gaan, maar tipies is jou kinders nie. Kinders is selfsugtig van natuur. (Ons sal eggenote wat nie kan laat gaan later bespreek.) Selfs al mag jou kinders hulle klere of speelgoed ontgroei het, wil meeste kinders hulle hou!

Nog 'n nota wat lei tot rommel, is wanneer jy ongebruikte of ontgroeide items aan die jonger boeties of sussies aangee, is dit wys om seker te maak dat watookal dit is gedra, gespeel, of gelees sal word deur die jonger boetie of sussies. Al jou kinders is anders, nie al die klere lyk ewe goed nie, en nie alle speelgoed is so genotlik aan elke kind nie.

Ook, met betrekking tot die aangee van klere, om iets te spaar vir 'n jaar is reg, maar enigsins meer as dit en die styl sal moontlik verouderd wees, wat weer sal lei tot rommel.

Toe my babas "vining en soos blits" gekom het (nie tot betrekking met die spoed teen wat ek gekraam het nie, maar hoe naby hulle aan mekaar was in jare), ek was bokse een bokse baba klere gegee van 'n dame wie haar man verloor het, ek het bygevoeg by wat ek alreeds gestoor het. Ek het die bokse en rubber emmers versigtig gestoor, maar tot my afgryse, toe ek swanger was en die bokse oop gemaak het, was hulle skimmel en bederf verby redding.

Ek was beskaamd, omdat alhoewel ek die boodskap gehoor het van "te laat gaan" wat ek nie nodig gehad het nie, het ek nie ag geslaan op die beginsel nie. Al waaraan ek kon dink is hoeveel moeders, miskien selfs jong ongetroude moeders voordeel kon getrek het uit wat nou verwoes was as gevolg van my opgaar van dinge wat ek nie nodig gehad het nie. Maar God is goed!! Nadat ek berou gehad het en my sonde met baie ander vrouens gedeel het, toe die onderwerp opgekom het, het God my geseën met splinter nuwe klere vir my volgende baba toe ek "per ongeluk" in 'n winkel ingeloop het toe alles meer as 75 persent afslag was!

Die Opgaring

Nou jy (of jou man) mag dalk dink, "Wel, ek weet wat sal gebeur as ek ontslae raak van al ons rommel—ek sal net uit gaan en nog goed gaan koop om die leë spasies te vul" Maar ek het nie, die dames wat hierdie boek gevolg het, het nie, en jy sal ook nie wanneer jy die vryheid van rommel ervaar. Ek koop ook omtrent een-derde tot 'n kwart van wat ek gekoop het. Toe ons ontrommel het, was dit moeilik om te sien hoe al jou dinge weggegooi of weg gegee word. Ek het gedink aan hoeveel geld ons aan al daardie goed gespandeer het, wat my geleer het om wys eerder as impulsief te koop.

Vanaf die eerste episode van ontrommeling, wanneer ek en my familie gaan inkopies doen, hou ons in gedagte of wat ons koop regtig gebruik of gedra sal word. Dit gaan ook vir geskenke wat ons vir mekaar koop. Eerder as om net "iets" te kry, maak ons seker dit is wat die ander persoon regtig nodig het of wil hê.

Baie van wat ons weg gooi of weg gee was as geskenke aan ons gegee, baie daarvan was iemand anders se goed wat ons net te skuldig gevoel het om van ontslae te raak, en die res, die meerderheid, was goed wat ons gekoop het wat ons destyds nie regtig **nodig** gehad het nie maar wat ons wou gehad het.

Maak nie saak *hoe* jy of ek iets kry nie, dit is dwaas om wat ookal dit is te hou wanneer ons dit regtig nie gebruik nie. Daarom, is dit *baie goed* vir jou en my om ontslae te raak van enigiets wat ons nie gebruik nie sodat ons iemand anders kan seën ***en*** sodat ons spasie kan maak in orde om ons huis netjies te hou (en om nie eenvoudig die spasie weer te vul nie).

Vanaf my eerste ontrommeling ondervinding, het ek begin om baie winkels te vermy waar ek net "rond gekyk" het net om "iets" te koop. Omdat ek my huis ontrommel het, het ek finaal begin om *wys* te koop. Nou wanneer ek meeste goed optel om na te kyk, vra ek myself, "Het ek dit regtig nodig?" en "Hoe gou tot dit in een van die gee-weg sakke beland?"

Net omdat iets 'n "winskopie" is beteken nie jy moet dit koop nie. Ek weet dit is moeilik om van 'n winskopie af te ontsien, maar as jy dit regtig nie nodig het nie, sal jy dit nie gebruik nie. En as jy dit nie gebruik nie, sal jy jou huis rommel, wat nie die "verkoping" prys werd is. In plaas daarvan, wag en bid vir goed wat jy regtig nodig het.

Ek bid oor elke behoefte wat ek het. Ek kan jou nie vertel hoe dikwels, die volgende dag, ek in 'n winkel in loop, en daar is waarvoor ek gebid het teen 'n ongelooflike prys. Net verlede Saterdag, toe ek gesoek het vir 'n trui vir my dogter vir kerk die volgende dag, het ek agter gekom dat sy net een trui gehad het wat haar gepas het. Toe bid ek, en die volgende dag, die Sondag, het ek "per ongeluk" in die winkel ingestap waar ek 4 truie vir die prys van een gekry het! Vertel altyd vir die Here wat jy nodig het en Hy sal dit bo natuurlik aan jou voorsien!

En finaal, meeste vrouens voel dat hulle nie eens die tyd het om te ontrammel nie. Om die waarheid te sê, jy het nie die tyd om dit nié te doen nie! Die tyd wat jy neem om te ontrammel sal jou maak voel asof jy 22 kg verloor het! Jou lewe voel maer en vry! Jy sal soos 'n nuwe vrou voel! Jy sal gelukkiger wees, en jou familie sal ook gelukkiger wees met die veranderinge!!

Sodra jy in die regte stemming is (jy mag nodig hê om te bid en hierdie hoofstuk weer te lees), is jy gereed om te begin.

Die Gereedskap wat Jy sal gebruik om te Ontrommel

Om jou huis te ontrommel sal jy benodig:

1. Vyf emmers, bokse, of houers (ek gebruik dikwels wasgoed mandjies).

2. Vyf stukke nota boek papier (Verskillende kleure papier is beter).
3. 'n Swart merk pen of gekleurde kryt.
4. 3x5 kaarte
5. Groot *swart* vullis sakke (vier om mee te begin).

Vyf tekens. Hierdie tekens sal jou help wat jy het in vyf katogorieë te sorteer:

1. Gooi weg.
2. Gee weg.
3. Pak weg.
4. Stoor weg.
5. Sit Terug.

Maak vyf tekens met jou papier en merk deur die lys bo te gebruik. Ek bring 'n vullisblik in en merk dit "Gooi weg.". Langs dit, gebruik ek 'n wasgoed mandjie of boks en plaas 'n oopgemaakte vullissak daarin om die sak ondersteuning te gee en merk dit "Gee weg." Langs dit, plaas ek nog 'n wasgoed mandjie of boks en merk dit "Sit weg." Langs dit, plaas ek 'n boks met 'n deksel en merk dit "Stoor weg.". En finaal, plaas ek die laaste wasgoed mandjie of boks en merk dit "Sit terug," (maar ek plaas nie 'n swart vullis sak binne nie).

Begin deur een kas, of een laai, of onder een bed, of een van jou rakke leeg te maak. Begin met iets wat jy weet jy maklik kan voltooi. (As jy 'n kas kies, begin met die vloer.) Tel 'n item op en plaas dit in een van die vyf houers. Jou doel is om meeste daarvan in die "Gooi weg," houer te plaas, dan "Gee weg," gevolg deur "Sit weg" of "Pak weg."

Besluit wat daardie laai, kas, of rak gaan stoor in daardie spasie. Met ander woorde; Wat regtig in daardie kas, laai, of op daardie rak behoort wat jy besig is om te ontrammel? Sodat wanneer jy by 'n item kom wat in daardie kas, laai, of op daardie rak behoort, plaas dit in "Sit terug." Dit behoort eenvoudig genoeg te wees!

Begin net deur een item op te tel en in 'n houer te plaas. As jy of een van jou kinders by iets kom waarvan jy net nie seker is nie, stop en bid, en vra die Here vir wysheid en Sy oordeel. Luister vir daardie stil, klein stemmetjie, en reageer op Sy leiding—watookal dit is. Vertrou dat as jy dit wel in die verkeerde houer plaas, die Heilige Gees jou sal aanhits om dit uit te haal en te plaas waar dit behoort. Ek belowe Hy sal wanneer Hy sien dat jy jou beste doen om Sy leiding te volg. Nietemin, maak seker dat wanneer jy terug gaan om iets terug te kry, dat dit nie is omdat jy begin het om "op jou eie verstandhouding staat te maak nie" of begin redeneer hoekom jy dit wil hou in plaas daarvan om dit weg te gee of weg te gooi.

Sodra alles in daardie kas, laai, of rak leeg is, vee dit af, of vee dit uit, en plaas terug net wat daar hoort: wat jy in jou "Sit terug" houer het!

En, moet nie die fout maak om meer plastiese opgaar houers, hangers of ander organisatoriese toebehore aan te koop om te help om daardie spasie georganiseer te hou nie. Koop dit net na jy sien wat jy oorhet. Jy sal verstom wees dat sodra jy ontrammel het, jy sal vind dat jy nie meer hangers of meer organiseering houers nodig het nie! Jou doel is om alles uit te pak, te stofsuig en/of af te vee. En dan net die items wat in daardie spasie behoort, terug in daardie spasie te plaas.

Deurvolg

Die finale stap om is om te **deurvolg** met die ander houers af te reken.

Eerstens, neem die "Gooi weg" items dadelik na die asblik. Volgende, plaas die "Gee weg" items in jou motor sodat jy dit na die plaaslike 2de handse winkel kan neem. Die "Sit weg" houer kan deur jou huis gedra word, plaas elke item in die regte kamer. Pak weg daardie goed wat jy, of iemand anders, daar per abuis geplaas het, of meer dikwels as nie, deur gemak.

Onthou: jy behoort (weg te gooi) enigiets en alles wat gebreek of gevlek is. Te dikwels, hou ons goed wat reg gemaak behoort te word maar nooit reggemaak word nie. Moet nie te veel waarde aan gemors heg nie, dit sal jou belas, so laat ons elke las van ons afgooi sodat ons die wedloop van ons lewe kan hardloop!

Nou, vir die goed wat moet "Weg Stoor," soos seisoenale items, 'n familie aandenking, of items klere wat net een keer 'n jaar gebruik word. Ons sal nou 3x5 kaarte gebruik vir elke item wat jy in 'n stoor houer gaan plaas.

Stoor Dit

Stoor dit. Die "Stoor weg" items sal in een of ander soort houer geplaas word—maar soos wat jy dit doen, skryf *elke* item op 'n 3x5 kaart neer! Dit maak nie saak wat in elke boks is nie; jy hoef nie soortgelyke items bymekaar te probeer plaas vir hierdie peutervry stoor metode nie.

Natuurlik, hou meeste van ons die Kersfees dinge bymekaar, maar somtyds in Januarie, vind ons gewoonlik 'n item wat ons Kersfees stoor gemis het. Gaan voort en plaas dit in *enige* stoor houer, omdat jy op die kaart sal merk waar daardie item volgende keer gevind kan word. Volgende Kersfees, sal jou kaarte jou herinner waar die item(s) wat vermis is gevind kan word. Om my selfs verder te herinner, plaas ek 'n plakker op 'n Kersfees 3x5 kaart, om myself te herinner dat daar vemiste items is wat op 'n ander plek gestoor is. Dan kan jy hulle uit een boks verwyder en hulle terug in die oorspronklike boks aan die einde van daardie Kersfees plaas! Eenvoudig.

Die soort houer maak nie saak nie solank dit 'n deksel het om die stof uit te hou. Jy kan enige bestaande boks of houer gebruik. As jy gaan uitgaan om 'n houer te koop, is deurskynende houers ideaal aangesien jy binne hulle kan sien, wat dit eenvoudiger maak om iets te sien wat daarin gestoor is. Maar weer, met hierdie metode kan jy enige boks gebruik wat jy het of vind, maak nie saak watter grootte of vorm dit is nie.

Stoor 3x5 kaarte. Nommer elke 3x5 kaart in die *boonste **linkerkantse*** hoek, en nommer die ooreenstemmende boks aan verskeie kante—bv., "K - 1" sal jou eerste Kersfees boks wees, "K-1" vir jou eerste kraam klere boks, ens. Vir veelsoortige storing, skryf ek, "S-1," en vir ou tuis skool leerplanne wat ek nie daardie jaar gebruik nie, merk ek dit "TS-1."

Volgende, skryf neer waar jy dit sal stoor in die *boonste* r***egtekantse*** hoek—dws., motorhuis-westelike kant, solder bokant die sitkamer, of onder my bed. Dit sal jou, jou man, of seun help om die boks makliker te vind.

As jou boks 'n leë video boks of 'n stootwaentjie boks is, dui dit op die kaart aan onder waar dit geleë is om dit maklik te maak om te vind. Die mees belanrikste punt met hierdie beginsel van items stoor is om ***ELKE item wat jy in die boks plaas neer te skryf.***

Indien moontlik, voordat jy nog meer in jou stoor areas plaas (spesiaal as jy dit onder 'n bed of in 'n kas gestoor het), sal dit wys wees om bokse wat voorheen gestoor is oop te maak (gestoor voor hierdie sisteem) , en 3x5 kaarte te maak vir elke boks. En terwyl jy die 3x5 kaarte maak, moet nie die geleentheid misloop om goed wat jy nie meer nodig het weg te gooi of weg te gee nie.

Waarskuwing: Bly vir die oomblik weg van die Kersfees bokse of baba klere! Wag tot Kersfees en "skoonskip" jou goed. Ek het my Kersfees versierings afgesny met die helfte, net na ek gemotiveer was om hierdie opgedateerde deel van die boek te skryf. Prys God! Hierdie jaar, sal ek weer deur ons Kersfees bokse gaan. Vir die afgelope twee jaar, het niemand lus gevoel om enigiets op te sit nie behalwe die boom en die krans op die deur (ons het ons Kers uitstalling stel uitgestal gehou aangesien ek ons Redder se geboorte die hele jaar wou onthou). Daarom, is dit tyd om te ontrammel en ander met die onnodige items te seën.

Finaal, as jy ooit 'n boks skuif of 'n item verwyder, pas jou kaart aan. Jou kaarte mot op datum gehou word deur die kaarte uit te haal, wanneer jy 'n boks uithaal. Die "stoor" kaarte moet *agter* in jou 3x5 kaart leër gehou word met 'n seksie verdeler wat jy STOOR merk. Ek het hierdie metode al vir JARE. Net soos alles, is dit iets wat jy leer en oefen totdat die manier wat jy dit doen 'n gewoonte word. Nie net sal jy orde en vrede in jou huis hê nie, met meer plek in jou kaste en laaie vir dinge wat jy eintlik gebruik, jy sal jou dogters leer hoe om huis te hou!

Meer van die Ontrommeling Metode

Dit is die metode om enigiets en alles te ontrommel

Sodra jy jou sorteer papier gemaak het, hou hulle totdat jou hele huis ontrammel is en maklik om skoon te hou! Ek het begin om myne agter my kruideniersware lys knipbord te hou sodat ek hulle oor en oor kon gebruik.

Die metode bring soveel vryheid dat wanneer ek voel dat ek 'n tel my op nodig het, gaan ek net na 'n kas of laai en begin om te ontrommel! Eerlik, dit misluk nooit nie, sodra daardie kas, laai, of rak skoongemaak is, sal dit jou so 'n vreugdevolle gevoel gee. Sodra jy verslaaf is, sal jy vind dat jy na 'n ander kas, laai of rak toe sal gaan wanneer ookal jy die tyd het!

Moet jy dit "Weggee" vir iemand spesiaal of vir liefdadigheid!

As die Here iemand in jou gedagtes bring wanneer jy besig is om uit te sorteer, sit dit dan in 'n sak en merk hulle naam daarop. Indien nie, gee dit dan net aan die armes. God het regtig begin om Sy seëninge oor my uit te stort toe ek opgehou het om te probeer om 'n paar rand te maak deur dit na 2de handse winkel toe te neem of 'n erf uitverkoping te hou. Toe ek eenvoudig die armes met die goed waarvoor ek nie spasie gehad het geseën het, het God my geseën met goed wat ek nodig gehad en wou gehad het teen ONGELOOFLIKE winskopie!

Reëls. Moet nooit terug in daardie sak gaan nie, Gee of gooi al jou sakke weg sodra jy klaar is. Plaas die "Gooi weg" items onmiddelik saam die vullis uit. Plaas die "Gee weg" sak in jou motor met 'n nota op die drywer se sitplek om na die naaste aflaai boks of spaarsaamheid winkel te ry. Sodra jy, jou kinders, of jou man begin om deur wat daar is te GRAWE, sal dit al jou harde werk ongedaan maak. Dit is hoekom ek SWART sakke aanbeveel, omdat die wit sakke dikwels 'n *kykie* van iets interessant gee wat onvermydelik 'n persoon sal lok vir 'n tweede kykie.

Op die onderwerp van mans en ontrommeling: dit kan 'n gevoelige onderwerp wees. Dankbaar was die situasie met my eks-man dat ek die een was wat wou "laat gaan" van goed en my eks-man wou goed hou. So ek het in 'n onbliklike otouriteit geword oor wat om ***nie*** te doen nie! My heel eerste fout (alhoewel daar baie ander was) is toe ek probeer het om hom te *help* om sy beursie, baie baie baie, jare gelede skoon te maak. Toe ons minder as 'n jaar getroud was, ek het gedink ek moet hom red, aangesien dit so propvol was dit was amper 'n reghoekige kubus! Wat was die resultaat van my hulp? Vir amper 15 jaar (totdat hy begin het om 'n bietjie van sy geheue te verloor), as hy *ooit* enigiets vermis gehad het was hy seker dat dit iets was **wat ek weggegooi het** uit sy beursie! Fout. Moet nie jou man se goed uitsorteer nie; nie sy beursie, "rommel" laai, of lessenaar. Jy kan dit sorteer, maar moet nooit iets weggooi sonder om hom eerste te sien nie. En as hy sê "nee" plaas dit dan in 'n boks en stoor dit (wees net seker om die 3x5 kaartjie metode te gebruik sodat jy enigiets wat aan hom behoort in 'n kits kan vind).

Professionele organiseerders het 'n metode wat hulle gebruik vir dinge wat mense moeilik het om van afskeid te neem. Hulle plaas dit in 'n boks, en dan as jy nie nodig gehad het om dit te gebruik (meeste mense het geen idee wat in die bokse is nie), gooi hulle die hele boks weg. Selfs al het jy dit 'n jaar later oopgemaak, as jy na 'n jaar daardeur gaan, sal dit baie makliker wees om van goed ontslae te raak wat jy vir 'n jaar nie gesien of aan gedink het nie.

Persoonlik, gebruik ek nie daardie metode nie omdat toe ek dit probeer het, en die jaar was verby, hy wou nie sy tyd mors om na sy ou goed te kyk; jou man mag dieselfde wees. So in plaas daarvan, het ek gewag totdat ons getrek het, toe hy geweet het dat hy elke een van daardie bokse sou moes optel, hulle op 'n trok laai, en by ons nuwe huis aflaai. Hy het dadelik baie gemotiveer geraak om ontslae te raak van goed wat hy nie nodig gehad het nie, en ek het nie nodig gehad om 'n ding te sê nie! Is God nie so goed nie?

Beteken dit ons het nie bokse van sy goed by ons nuwe huis gehad nie? Nee, my eks-man het baie bokse gehad gevul met sy goed wat moontlik nog steeds in ons solder is, maar ek laat dit my nie pla nie. Ek het gekies om sy posisie as hoof van ons huishouding te respekteer wanneer hy daar is. Ek het gekies om my kinders te leer om nie net hulle vader te respekteer deur ***my*** aksies en houding, wat op sy beurt, tot gevolg gehad het dat hulle my respekteer! As ek sy gesag ondermyn het, het ek ook my eie ondermyn.

Nou vir goed wat nie direk jou man se persoonlike items is nie: sommige mans sal 'n sê oor al die huishoudelike items wil hê, waar sommige nie gepla is nie. Maar een ding is dieselfde, watookal jy mee *geseën* is—wens jy, jy het die ander gehad! My eks-man was 'n man wat in beheer van enigiets en alles wou wees. Ek het altyd "gehoop" dat een dag hy dit aan my sou oorlaat. Die dag het gekom toe hy my vir sy hoërskool liefie gelos het. In plaas daarvan dat ek seergemaak, beskaamd of enige ander negatiewe gevoel wat meeste vrouens gevoel het, het ek verkies om te soek vir elke seëning aangesien die Here ons belowe dat, "alles ten goede sal meewerk vir dié wat Hom liefhet, en wil weet wat sy besluit daarin is." Om in staat te wees om uit te gooi en weg te gee dinge wat ons nie nodig het nie, sonder die vrees van 'n man wat kwaad sal word is 'n seën. En wanneer ek by bokse van goed van my eks-man uitkom, sit ek dit opsy vir hom om weg te neem gedurende sy volgende besoek om die kinders te sien. Is die Here nie te wonderlik vir woorde nie??

Nou terwyl ek en jy uitgedaag was met 'n man wat alles wou beheer, het ons vriende wat kla en vertel dat hulle mans ongeinterresseerd is in enigiets en alles wat met die huis te doen het (en somtyds die kinders) en reageer met "doen watookal jy wil"! Hoekom is dit?

Dit is omdat God vir almal van ons gee presies wat ons nodig het!! Vir my, wat gebore was met 'n onafhanklike gees, wou ek altyd my eie besluite maak. Ek wou God altyd nastreef en in Sy rigting gaan sonder struikelblokke, maar die struikelblokke is wat ons sterk maak! Wanneer daar 'n struikelblokke in my lewe is, moet ek bid vir wysheid, en geduld, aangesien ek dikwels moet wag, wat my spiritueel versterk.

Vir ander vrouens, wat sagmoedig en besluiteloos is, of miskien net versekering nodig het, sê die mans vir hulle om te doen watookal hulle wil, wat hulle forseer om God na te streef vir krag, vrymoedigheid, en versekering.

Almal van ons het God nodig, so Hy gee vir ons verskillende maniere om ons te forseer om Hom *voortdurend* na te streef! Is God nie goed nie/!

Noudat ek ten midde daarvan is om myself nederig te maak wat altyd goed is om spiritueel te win, ‘n paar van my probleme was dat ek na my eks-man toe gegaan het (toe ons getroud was) toe ek net na God toe moes gegaan het. Sommige mans wat “lyk” asof hulle beherend is, is eenvoudig so omdat ons na ons mans toe gegaan het toe ons na die Here toe moes gegaan het. Toe ek eers geleer het van onderdanigheid, het ek vir alles na my man toe gegaan! Gou, het ek “verdruk” gevoel toe die Here my oë oopgemaak het om te sien dat dit regtig my eie skuld was. Om hier by te voeg, ek was grootgemaak deur ‘n moeder wat gedy het, of so het dit gelyk, op rebellie en skelmheid met my vader.

Dikwels, wanneer iets uit balans is in ons jeug, in die huise waar ons grootword, neig ons om na die ander uiterste te gaan, wat is wat ek gedoen het. Sekerlik, om nie in die patroon te val om dinge van my gade te weerhou nie was ‘n goeie ding. Nietemin, een uiterste kan net so sleg wees as die ander. Hoe weet jy wanneer om jou man te vrae en wanneer om net voort te gaan met hoe die Here jou lei? Bid. Bid en vra God om jou onderskeiding te gee. As Hy jou aanhits om jou man te vra, gaan vra dan. As jou man jou plan keer, vertrou dan op God om die deur oop te maak as dit is wat jy regtig veronderstel is om te doen; selfs wanneer dit kom by ontrommeling (wat om te hou en wat om weg te gooi).

As jy die skugter soort is, wat versekering nodig het, en jou man gekla het dat jy te behoeftig is. Streef God dan na en hou op om na jou man toe te gaan. As Hy vir jou sê om iets te doen, gaan dan voort met God se versekering.

Vir die getroude vrou, is haar doel om dit in die vers in Spreuke 31:11 uit te leef: “**Haar man steun op haar** en pluk die vrugte van haar werk.”

En hoe is dit volbring wanneer dit nou so deurmekaar is? Met die volgende vers: Sy bring vir hom net voordeel, nie nadeel nie, haar hele lewe lank” (Spr. 31:12). Doen wat reg is, tot betrekking met jou man, begin om sy gesag te respekteer en nie uit te daag nie, en dit strek tot om nie negatief oor hom te praat met vriende en familie nie (om nie sy swakhede op enige gebied van sy lewe te ontbloot nie). Wanneer jy begin om die vrou te wees op wie hy “kan steun” (“kan vertrou” is uit die KJV), dan sal hy eventueel jou toelaat om besluite sonder sy toestemming te maak. Vir my, het die Here eenvoudig my man uit my lewe verwyder om my in staat te stel om Hom as my gesag te hê. Al daardie jare om onderdanigheid te leer aan my aardse man het my n beter vrou gemaak vir my Hemelse Man!

Snaaksgenoeg, toe ek oorspronklik hierdie hoofstuk hersien het, wou ek dit doen sonder om my ander foute te deel, maar die Here het ander planne gehad. Nog een van my foute, wat ons huwelik vir jare uit balans gehou het, was toe ek na my man toe gegaan het en hom van my plan vertel het om hom in staat te stel om my te prys of ‘n verbale klop op die skouer te gee. Ek het groot geword met twee ouers, wie onbeskaamd, gedink het ek was wonderlik en het amper daagliks so vir my gesê! Dit was ‘n goeie ding, maar weer as dit uit balans is, wat ek raai dit was, dan volg moeilikheid. Die uitkoms daarvan was, dat in plaas daarvan om lof te kry, wat is wat ek van my ouers sou gekry het, sou my eks-man een of ander fout of gebrek daarin vind.

Dit het gebeur wanneer ek gegaan het om ‘n idee “voor te lê’ aan my eks-man. Liewe suster, ons vriendinne was geskep vir hierdie doel! Hulle is lief daarvoor om ieder en elke besonderhede te hoor, maar wanneer jy jou idees deel, “net wil praat” of jy net die idee voor iemand wil “voorlê”, vir meeste mans, sal dit nie gebeur nie. ‘n Man sal dink dat jy hom wil vertel wat om te doen, nie net om te luister nie.

Dit het my ‘n lang tyd geneem om dit te leer, maar een dag het God genadiglik my naaste vriendinne uit my lewe verwyder het, en toe my man—en ek was nagelaat met net Hy. Wow! Wat ‘n verskil!! Nie net is die Here lief daarvoor om elke besonderhede te hoor nie,

Hy is eerlik wanneer dit glad nie 'n goeie idee is nie. En wanneer Hy my veroordeel of vir my wys dat dit nie 'n goeie plan is nie, is Hy so saggeaard en vol deernis.

As jy dieselfde probleem het dat jy goedkeuring of aanvaarding nodig het, praat met God en vra Hom om jou te help. Daar is geen ander stel op vir diep seerkry nie. Die vyand het regtig 'n houvas op jou lewe. Mense is die beste wapen wat die duiwel het om jou te manipuleer of seer te maak. Kyk na God om jou behoefte om bemin, aanvaar, en ge-eerd te voel. Sy gees sal jou vul. Maak nie saak hoeveel mense jy het wat jou prys nie, jy sal leeg voel. Kyk net na die bekendes se lewens om te sien dat lof van ander nooit daardie leemte sal vul in jou lewe nie. Net God kan dit vul, so hardloop altyd na Hom toe.

Nou, terug na ons hoofstuk . . .

Die metode van ontrommeling en om dinge te elimineer (dinge wat jy nie nodig het of gereeld gebruik nie) moet dwarsdeur jou huis gedoen word soos wat jy deur jou huis beweeg een laai in een kamer, een op 'n slag. Begin in een aangewysde kamer, en gaan dan voort om deur die hele huis te beweeg. Spandeer net 'n paar minute tot 'n uur per dag en gou sal net wat jy nodig het en gereeld gebruik oor bly.

Instandhouding. Sodra jy die hele huis: kaste, rakke, en laaie skoon het (selfs jou motorhuis)—kan jy dit in stand hou met die daaglikse "skoon vee" metode. Die skoon vee is die opwindende en lewensveranderde hoofstuk vorentoe. Maar voor jy vorentoe hardloop onthou hierdie boek is 'n boek van aksie. Deur dit te lees sal nie jou lewe verander nie; jy sal aksie moet neem. So, neem die volgende paar dae of weke om jou huis te ontrammel voordat jy meer van die boek lees. Die metode sal nie net jou huis ontrammel nie, dit sal ook jou gedagtes, jou gees, en jou lewe ontrammel!

Hoofstuk 3

Maak die Meeste van

Jou Voetstappe

Maak Jou "Morsige Huis" skoon in Minute!

Om die rede bring Ek ellende oor die huis van Jerobeam...
—1 Konings 14:10

Ek waarborg dat hierdie metode jou so baie tyd sal spaar, en jou so 'n hupstoot sal gee, dat jy nooit weer sal wil teruggaan na die manier wat jy gewoond was om jou huis op te ruim of op te tel nie. So dikwels, voel dit asof ons heeldag lank dinge optel en nog steeds nêrens kom nie. Alhoewel ek nog steeds opruim wanneer ek in 'n kamer gaan, spandeer ek nie my tyd of energie om vorentoe en agtertoe te hardloop om op te tel of om my huis op te ruim nie, en ek het hierdie metode vir jare gebruik!

Die "Skoon Vee" Spaar Stappe

Die metode is so goed, dit kan selfs gebruik word wanneer jy op die bank lê met oggendsiekte, deur jou kleuters en jong kinders te gebruik om op te tel net voor "Pappa by die huis kom." Ek weet uit ondervinding—ek het dit honderd keer gedoen! So, as hierdie metode so goed werk wanneer kleuters of klein kinders gebruik word en 'n ma met oggendsiekte (wie van kamer tot kamer kruip en op enige beskikbare bed of bank in die kamer gaan lê, of meer dikwels op die vloer!), dan weet jy dat die "Vee skoon" metode vir jou ook, sal werk! Hier is my onfeilbare metode wat eenvoudig is, maar tog werk.

Om Te Begin

Jy sal nodig hê: een tot verskeie wasgoed mandjies om goed in die huis te kollekteer (hoe groter die gemors hoe meer houers sal jy benodig), 'n vullissak vir vullis, en 'n groot bruin papiersak (of kleiner mandjies)—een vir elke kamer van jou huis vir sortering.

Met 'n swart merkpen, merk die sak of mandjie vir sortering met die name van die kamers (b.v. "hoofslaapkamer, waskamer, kombuis, Tyler se kamer, ens.). Spaar hierdie teen die einde sodat jy hulle oor en oor kan gebruik.

Skoon Vee

Versamel. Nou, gebruik jou wasgoedmandjies, en tel alles op in elke kamer **wat nie in** ***daardie*** kamer behoort nie. Begin in een kamer, werk sistematies deur die hele huis. Die beste plek om te begin is by die voordeur (of agterdeur as jou man daar inkom). Plaas enige goed wat jy vind by die deur in die mandjie, ou koerantpapiere in die vullissak, en enige speelgoed in die mandjie.

Ruim op. Sodra jy al die goed opgetel het (alles wat nie in daardie kamer hoort nie) en dit in die mandjie of asblik gegooi het, tel op of trek die kussings reg, vee tafels af, maak enige onopgemaakte beddens in elke slaapkamer op, vee of stofsuig dan die kamer (terloops, *jong* kinders is lief daarvoor om te stofsuig). Jou eerste kamer is nou skoon, so jy is gereed om na die volgende kamer te beweeg!

Gebruik dieselfde metode soos wat jy van kamer tot kamer beweeg. Vir my, is dit die maklikste om in my kamer te begin, en om dan op dieselfde manier deur die huis te beweeg. Watookal vir jou werk;

doen dit. As jy die Here (soek) nastreef, sal Hy jou lei om te doen wat die beste vir jou en jou familie sal werk.

Reëls. Maak seker dat jy NOOIT enige vloeistof of iets nat in die mandjie sit nie. Maak seker dat jy NOOIT Pappa se beursie, tjekboek, of ander belangrike items in die mandjie plaas nie. In plaas daarvan stuur 'n kind (of gaan jouself) om dit op *sy* sytafel of op *sy* tuis lessenaar te plaas.

Belydenis: Jare gelede toe ek nog getroud was, gedurende 'n noodgeval skoon vee (sien onder), het ek van my man se belangrike items in die mandjie geplaas. Omdat dit 'n noodgeval was, het ons ook nie tyd gehad om die mandjie te sorteer nie. DAE later (ek het die mandjie in my slaapkamer weggesteek), toe hy op pad uit was, het my man my gevra of ek sy tjekboek gesien het. Ek het 'n "skiet gebed" opgestuur en God het die ongesorteerde mandjie na my gedagtes toe gebring. Ek het gehardloop, my hand diep in al die "goed" gedruk, en die verlore tjekboek uitgehaal. God is goed! Amen!

Ek dink nie ek hoef vir jou 'n voorbeeld te gee van wanneer iets nat of vloeistof in die mandjie beland nie. Selfs 'n 'druppel' van 'n klaar koffie koppie kan veroorsaak dat jy 'n regte gemors op jou hande het (sien onder vir 'n **Wenk** oor koffie-om-te-gaan bekers).

Maak seker dat jy en jou kinders heeltemal duidelik is oor die reëls *voor* jy vooruit hardloop met hierdie wonderlike metode. Soos enigiets anders, dit kan 'n seën of 'n vloek wees, afhangende van jou gehoorsaamheid om die reëls te volg.

Wenk: *Dit is toe ons meer as 'n uur weg van ons kerk gebly het, en sommige van ons 'n "om te gaan" koffie gebring het. Nadat ek ondervind het watter gemors net "'n druppel "sou maak, het ek die metode ontwikkel wat ek aan al my koffie drinkers geleer het. Sodra jy jou koffie klaar gedrink het (of uitgegooi het), plaas dan 'n servet* *onder in die koppie en plaas die deksel terug. Dit sal die "laaste druppel" absorbeer" en 'n gemors wat wag om te gebeur elimineer.*

Sorteer. Sodra jy in elke kamer opgetel het, en dan skoongemaak en opgeruim het wat in daardie kamer oor bly, bring al die mandjies na een plek toe.

Nou, sorteer die versamelde "goed" vir elke een van jou kamers: elke slaapkamer, elke badkamer, die kombuis, sitkamer, waskamer, ens. Wanneer jy die items gesorteer het, neem daardie sak of klein mandjie na elke kamer toe (wat alreeds netjies is) en pak die items weg!

As jy jong kinders gebruik, sal jy nie wil hê hulle moet die items weg pak nie (aangesien jy nooit daardie items weer sal vind nie). In plaas daarvan, laat hulle eenvoudig die sak of mandjie binne die deur sit, totdat jy jouself daarby kan uitkom (loop of kruip as jy aan oggendsiekte ly).

Meer Informasie oor die Skoon Vee

Afleiding! Moet nie afgelei word deur te poog om 'n laai of kas te ontrommel nie (waarvan jy in Hoofstuk 2 geleer het). As jy nie jou huis ontrommel het nie, ek sal hoogs aanbeveel dat jy n spesifieke tyd elke dag opsy sit om dit te doen (dit sal om alles netjies en skoon te hou uiters maklik maak om te bereik). Dan, om daardie "versteekte areas" gereeld te onderhou, het ek 'n onfeilbare metode in Hoofstuk 7, "Die Metode" om dit as een van jou weeklikse of maandelikse kaarte toe te wys.

Weereens, moet nie afgelei word nie. In plaas daarvan, fokus om klaar te maak wat jy begin het— "vee skoon die hele huis!"

Hantering van Noodgevalle. As 'n noodgeval opkom (soos jou man wat vroeg huistoe kom of onverwagte gaste wat opdaag), wend die

"Skoon Vee" metode aan, maar wag totdat dinge gekalmeer het of die gaste weg is om die mandjies te sorteer. Moet net nie langer wag nie—aangesien jy (of jou man) nie in staat mag wees om die tjekboek te vind nie, of iets anders wat jy nodig het, omdat dit onder in die mandjie in die kas weggesteek is! Weereens, weet ek, omdat dit een keer te veel met my gebeur het!

Skedules en roetines. Kry ook, jouself (en jou kinders) op een of ander soort skedule of roetine vir die "Skoon Vee." As jy getroud is, gebruik jou man se skedule as 'n begin plek. (Ons sal oor roetines in meer diepte praat in 'n opkomende hoofstuk.) Maar in geval jy metodies deur hierdie boek werk, om 'n skedule te begin is om eenvoudig in jou lewe: wakker tye, slaap tye, eet tye, skool tye, en skoonmaak tye in te werk. Selfs babas is makliker om na om te sien, wanneer jy hulle aangemoedig het om op gereelde tye te eet en te slaap. (Alhoewel ek nie die streng skedule van die boek *Baba Wys bevorder* nie, glo ek in orde en roetines vir kinders. Sien die les, "Jou Moeder se Leringe" in *'n Wyse Vrou* vir meer Informasie oor waarom).

Hou aan beweeg. Ek het een keer gehoor dat Elisabeth Elliot vir haar luisteraars vertel het om net "die volgende ding" te doen, of dit nou die skottelgoed is, of om die bed op te maak. Onthou, "Sy lyk tenvolle in beheer van haar huishouding. Luiheid ken sy nie" (Spr. 31:27). As die telefoon lui, of een of ander onderbreking plaasvind, stop en sien daarna om, maar kom terug en doen "die volgende ding." As jy die soort is wat eenvoudig nie van die telefoon af kan klim nie, moet dit nie antwoord nie, en gebruik jou stempos tot jou voordeel deur terug te keer na oproepe wanneer dit gerieflik is vir jou (tensy dit jou man is wat skakel). Om op die telefoon te praat was nog altyd 'n swakheid van my. Daarom, antwoord ek NOOIT ons huis telefoon nie, en antwoord net my selfoon wanneer dit een van my kinders is wat skakel of iemand wat ek weet ek dadelik mee moet praat. Andersins, wag ek en skakel terug wanneer ek beskikbaar is, nie net enige tyd wat iemand my skakel nie.

Hoe om Meer Gedoen te Kry

Ons hoof probleem om baie gedoen te kry word in die volgende drie verse aangehaal:

"Sy is luidrugtig en uitdagend, haar huis is te nou vir haar; sy maak haar ronde in die strate, op die stadspleine, sy staan op loer by elke hoek." (Spr. 7:11-12)

"Wees spaarsaam met jou kuiers by jou buurman; as hy jou te veel sien, hou hy naderhand nie meer van jou nie' (Spr. 25:17).

"niks wat sleg is wil ek nastreef nie" (Ps. 101:3).

1. Bly meer by die huis! "Sy is luidrugtig en uitdagend, haar huis is te nou vir haar; sy maak haar ronde in die strate, op die stadspleine, sy staan op loer by elke hoek" (Spr. 7:11-12). Ek weet dat as ek vind dat ek nie in staat is om "by te bly" met my huis nie, dan is dit gewoonlik omdat ek te veel "rondgeloop" het. Ek moet na my prioriteite kyk en by die huis bly, om vrede en stabiliteit aan my familie te bring. As jy takies het, probeer om sover moontlik, hulle almal op een dag elke week te doen wat jy opsy plaas om takies te verrig.

Toe my oudste dogter begin bestuur het, het ek begin om haar te kry om baie takies vir my te doen wat ek gedoen het. Dit was goed vir haar om te leer hoe om die kruideniersware te koop en om goed terug te neem. Selfs om 'n lys te maak van waarheen sy moes gaan op taak dag is 'n kosbare leer ondervinding (wat ons in 'n opkomende hoofstuk sal dek).

Huidiglik, wag ek net totdat ek 'n afspraak het of moet uitgaan, dan doen ek soveel as ek kan terwyl ek uit is. Dit hou my by die huis waar ek die meeste vrede vind, en waar ek stabiliteit vir my kinders skep.

2. Hou op om met vriende of familielede op die telefoon te praat. *"Wees spaarsaam met jou kuiers by jou buurman; as hy jou te veel sien, hou hy naderhand nie meer van jou nie' (Spr. 25:17).* Of jy nou besoek gaan aflê of 'n vriendin (of familielid) op die telefoon skakel, as jy dit te dikwels doen, sal jy en jou vriendin uiteindelik 'n oorlas vir mekaar word. Stel 'n tyd saam op om op 'n gereelde basis, eerder as om "tuis in liggaam" maar altyd "uit op middagete" in jou gedagtes en jou fokus te wees, terwyl jy kletspraatjies op die telefoon maak.

Jy sal verbaas wees dat meeste van die angs in jou lewe en huis veroorsaak word deur hoe dikwels jy jou huis en jou kinders afskeep deur telefoon oproepe en ander onderbrekings. Ek het opgehou om oproepe te aanvaar gedurende my tuisskool ure, omdat dit onvermydelik veroorsaak het dat ek beheer oor die kinders verloor. As hulle "net aangehou het om te werk" soos wat ek hulle vertel het om te doen, sou hulle iets verkeerd doen wat oorgedoen moes word. Jy kan altyd mense terugskakel wanneer dit 'n meer geleë tyd vir jou en jou familie is. Soos wat ek gesê het, gebruik die stempos tot jou voordeel, vra 'n ouer kind om jou oproepe te monitor. Almal sal gelukkiger daaroor wees!

Of jy nou die een is wat die oproep maak, of die een wat die oproep ontvang; die telefoon (en nou daardie selfoon) kan 'n geweldige vloek op 'n goed bestuurde huis of vir 'n vredevolle bestaan wees.

3. Skakel dit af! *"niks wat sleg is (perfekte voorbeeld: jou televisiestel) wil ek nastreef nie" (Ps. 101:3).* Vir my, is daar niks meer waardeloos as die T.V. nie. Ons het net een televisie gehad wat my man by geleentheid aangeskakel het om sport te kyk (wat ek van sou gehou het om in die asblik te gooi!) En ons het een gehad wat aan 'n videomasjien gekoppel was wat goed was vir opvoedkundige bande, geestelike bande, en vir "familie aand' (wanneer ons 'n goeie swart en wit klassieke fliek gekyk het, pizza geëet het, en lekkers vir nagereg op Vrydagaande geëet het).

Dit was die "goeie ou dae!" God het my deur nog 'n verfyning laat gaan en "doodgaan vir myself" ondervinding toe ons van ons plaas na die stad toe getrek het. Ek moes 'n nuwe vlak van onderdanigheid leer; hierdie keer, met 'n meer gewillige hart en om 'n "vrolike" reaksie te hê toe my man (toe ek nog steeds getroud was) aangekondig het dat ons 'n "satelliet televisie" gaan kry (wat ons televisie stel aan die hele wêreld gekonnekteer het!), 'n groot plasma (platskerm) televisie, saam met nog 'n baie groot televisie vir ons sitkamer!!

As jy probeer om druk op jou man te plaas om die televisie te verwyder, stop en bid; vermy die twis en vertrou op God! (Sien "Wen Sonder 'n Woord" in 'n Wyse Vrou.)

Net vir die rekord, ek het soos 'n dwaas gedink dat op een of ander manier, ek nodig gehad het om seker te maak dat my man my geweet het van my misnoeë oor dinge wat wêreldswys en boos was en dat hy dit verstaan het. Ek was verkeerd. Ek het besef dat ek my besluite gebaseer het op vrees (moet nooit iets op vrees baseer nie), dat as ek hom nie vertel het dat ek 'n afkeur gehad het om 'n televisie (of enige ander boosheid) te hê nie, dat ek soos Ananias en Saffira sou opeindig (Sien Hand. 5:1-11).

In die verlede, was ek ewe verkeerd toe ek sou seker maak dat ek vir my man vertel van my misnoeë oor dinge wat hy gedoen het vertel het, nie as gevolg van vrees nie, maar as gevolg van my hoogmoed en geestelike arrogansie. Ek het geglo dat my man moes geleer word, deur my, oor dinge wat reg of verkeerd was. Hierdie soort "bemoedering" van jou man sal veroorsaak dat hy jou heeltemal sal uitsluit en nie jou mening oor enigiets vra nie. Maar so eg aan soort, 'n vrou soos ek besef dit nie of gee regtig nie om nie. Ons glo dat dit ons verantwoordelikheid is om ons familie te lei as "hy nie wil nie." Liewe leser, daar is geen beter manier om jou man van die dinge van God af weg te dryf nie en om die regte ding te doen eerder as om jou man se posisie en gesag te ondermyn nie. (Om meer informasie te verkry, kry en lees 'n Wyse Vrou omdat jy besig is om jou eie huis af te breek!)

Hierdie keer, het die Here my aangemoedig om groot te word. Hy het my gewys dat HY my hart ken. Hy het geweet dat ek nie 'n televisie stel wou hê na' n dosyn jare van nie een te hê nie. God het altyd my hart geken, as ek iets in die gesig gestaar het waaroor ek bekommerd was en nie heelhartig voor was nie, het ek nie nodig gehad dat my man daarvan moes weet nie! My taak, as 'n respekvolle helpmaat, was om te glimlag en SAAM TE STEM. Dan moes ek my kommer na die Here toe neem sodat Hy daarmee kon afreken, indien nodig. Die selfregverdige Fariseër wil altyd terugkom, so ek moes altyd versigtig wees om nie te oordeel wat my man (nou my eks-man) besig was om te doen of nie te doen nie.

In die hersiene uitgawe van werkers by die huis, het ek gedeel dat ek dalk nie so liggeraak moes wees nie! Maar dat as dit my man was wat die gevaar in iets moes sien wat inkom of aangaan in ons huis, dat ek kon vertrou dat God dit sou laat gebeur terwyl ek vreugdevol gebly het, eerder as om gestres of bekommerd te wees.

Dames, gee dit alles vir God om uit te werk. Onthou, Sy juk is sag en Sy las is lig"!

Die rede dat die Here dit toegelaat het, en ander dinge om terug te kom in ons huis, en terug in my man se lewe, was omdat my man (nou my eks- man) glad nie my oortuigings gedeel het nie. Dit het beteken dat my kinders (alhoewel ek dit nooit gesê het nie) in 'n huis gebly het waar daar dubbelhartigheid was. God het dit reggestel deur my man oor te gee aan sy strewes (wat die dinge van die wêreld was), wat gelei het tot hom wat wegloop en met 'n ander vrou trou.

Alhoewel dit vir sommige tragies mag lyk, is die waarheid dat God ons hele familie geseën het. Nou is die hoof van ons familie die Here wie my Man is (Jes. 54:4-60) en my kinders se Vader (Ps. 146:9).

Deur toe te laat vir die onreg om te vermeerder, eerder as wat ek voorheen gedoen het deur in die pad te staan met my menings van misnoeë, groei my kinders nou geestelik met lang hale!

"Wie dit nie besef nie, is 'n dom mens, wie dit nie insien nie, is sonder verstand. Al is die goddelose voorspoedig, al floreer almal wat onreg doen, hulle sal vir goed uitgewis word" (Ps. 92:6-8).

"Dit gaan goed met die mens wat nie die raad van goddeloses volg nie, nie met sondaars omgaan en met ligsinniges saamspan nie...' (Ps. 1:1).

Alhoewel egskeiding nooit my keuse sou wees nie, was dit God se wil sodat ek aanmoediging vir vrouens dwarsoor die wêreld kon gee om die Here na te streef vir die Man waarvan ons almal droom. En jy hoef nie ongetroud te wees om Hom as jou eie te neem nie. (Lees asseblief Die Oorvloedige Lewe vir meer informasie oor hoe om ware en ewige vreugde te vind!)

Die *Oggend* of *Aand* Skoon Vee

Die "skoon vee" is 'n wonderlike instrument om jou huis gereed te kry voor jou man by die huis kom, of om net 'n skoon huis te hê om aan die einde van die dag te geniet of jy nou getroud is of nie. As jy getroud is, of besoekers verwag, neem net 'n paar minute om jou huis "skoon te vee," begin by die voor of agterdeur en loop in die rigting van die hoofslaapkamer of kombuis, watookal rigting jou man of gaste sal neem.

As jou man 'n werk het wat nie vasgestelde ure het nie sodat jy nie altyd weet wanneer hy kom nie, vra hom, as jy kan, om jou 'n vinnige oproep te gee 'n uur, half uur, of selfs vyftien minute voor hy arriveer sodat jy gereed vir hom sal wees.

Voordat ek my kinders opgelei het om die skoon vee te doen, voor hulle selfs oud genoeg was om te help, het ek elke oggend die "skoon vee" metode gebruik. Ek glo dat alle vrouens sal vind deur dit te doen sal help om jou dag te begin of te eindig.

Dit is wat ek gedoen het toe my twee ouer kinders jonk was: Nadat ons almal in die oggend vir Pappa totsiens gewaai het, het ek onmiddelik 'n stel speelgoed vir my kinders uitgesit om hulle mee besig te hou (meer hieroor in Hoofstuk 9 "Speelgoed") en dan boontoe gegaan vir 'n *oggend* "skoon vee". Ek sou na my kamer toe gaan, my bed opmaak, optel of opruim, en dinge wat nie in daardie kamer behoort nie in 'n wasgoed mandjie gegooi, insluitende vuil klere of handdoeke. Dan het ek na die hoofbadkamer toe gegaan, dan die kinders se kamer. Ek het ook die vullismandjies in 'n groot bruin sak leeggemaak wat ek by my gehad het.

Indien nodig en as die kinders stil onder gespeel het, sou ek die boonste kamers 'n vinnige stofsuig gee. Dan het ek ondertoe gegaan, na die kinders omgesien, en die "skoon vee" mandjies in die waskamer uitgesorteer. Ek sou 'n lading wasgoed begin, na die kombuis toe gaan om die skottelgoedwasser te laai, en die toonbanke af te vee.

Ek het ook die boonste kamers buite perke gehou, behalwe vir middagslapie tyd, wat maklik is om te doen as jy nie speelgoed in die kinders se kamer stoor nie (weereens sal ons die speelgoed dilemma dek in Hoofstuk 9 "Speelgoed"). O, terwyl jou kinders jonk is, omdat hulle na die skoon kamers wil graviteer, kry 'n klein hekkie om hulle te weerhou om na die skoon areas van jou huis terug te gaan.

Vir Die Wat Buite die Huis Werk

Almal van ons kan voordeel trek uit die metode om een keer per dag, van kamer tot kamer te gaan, met 'n "skoon vee" —veral die van julle wat werk toe gaan! Die metode sal jou seën, sodat wanneer jy terugkom by die huis, uitgeput na 'n harde dag se werk—jy huis toe sal kom na 'n skoon huis.

Vir die van julle wat werk, kan jy maklik hierdie roetine inkorporeer of eerste ding in die oggend (as jy 'n oggend persoon is) of net voor jy bed toe gaan, wat is wat ek nou doen selfs al werk ek nie buite my huis nie.

'n Half uur voor ek bed toe gaan, skoon vee ek deur in die kombuis te begin, dan in die sitkamer, voor ek elke aan bed toe gaan. Na jare van dit met my kinders doen, meeste van hulle doen dit by hulself, en doen dit selfs vir my wanneer ek te moeg is om dit myself te doen (aangesien ek nou 'n enkel ma van ses is wat nog steeds by die huis woon). Stel jou voor my vreugde wanneer ek wakker word en sien dat dit vir my gedoen is! Die vers is so waar: "Gee leiding aan 'n jongmens oor hoe hy moet leef, en hy sal ook as hy al oud is nie daarvan afwyk nie" (Spr. 22:6).

Dames, met hierdie soort metode wat in jou daaglikse roetine gestel is—sal jy absoluut wonderlik voel! Jy sal ook vind dat deur dit elke oggend te doen, of elke aand, sal help om jou huis skoon te hou en jou lewe is minder stresvol.

Afsluiting

Dames, ek waarborg dat die "skoon vee" jou lewe sal revolusioneer, en jou lewe weer vreugdevol maak. Eerder as om skoon te maak op die manier wat meeste van ons gedoen het, deur vorentoe en agtertoe te gaan, en gemors aan en af op te ruim soos wat jy hulle vind—sal jy dit sistematies en gereeld doen.

Weereens, die "skoon vee" is om eenvoudig 'n groot wasgoedmandjie of twee te neem en in een area van die huis te begin, alles van die vloere, tafels, rakke, ens op te tel soos wat jy deur die huis "vee." Sodra die huis heeltemal skoon is, sorteer wat jy bymekaar gemaak het in sakke of mandjies vir elke kamer.

Soos wat ek vroeër gesê het, ek het gevind dat die maklikste manier om jou mandjies te sorteer is om bruin papier inkopie sakke te merk. Merk een sak vir elke kamer in die huis, en merk nog een vir "vullis" of bring die vullisblik na waar jy besig is om te sorteer. Sorteer en vul die sakke op vir elke kamer. Sodra alles gesorteer is, neem die sakke na elke kamer (wat nou alreeds skoon is) en pak die items weg. Spaar die sakke deur hulle op te vou, en almal in een bruin sak te plaas, en dit in jou wasgoed kamer langs jou wasgoed mandjies te stoor.

Die metode is, by verre, die vinnigste manier om 'n huis skoon te maak, omdat dit so doeltreffend is en jou so baie treë spaar! 'n Netjiese huis hou die stres af in die lewe van jou familie. Ek het hierdie metode (en elke metode in hierdie boek) vir jare gebruik en het honderde vroue geleer om dieselfde te doen. Ek bid dat dit die antwoord op jou gebede sal wees.

Hoofstuk 4

Maak die Beste van

Jou Dag

Vestig 'n Roetine

Julle moet eerder sê:
"As die Here wil,
sal ons lewe en sal ons dit of dat doen"
—Jakobus 4:15

Om 'n plan te hê en 'n roetine vas te stel om deur jou dag te kom is belangrik in elke huis. Met meer buitemuurse aktiwiteite, meer kinders, of meer verantwoordelikhede wat jy en/of jou kinders het, word 'n gevestigde roetine selfs meer noodsaaklik. As jy sekere tye stel om op te staan, bed toe te gaan, maaltye, en **dieselfde** take in **dieselfde** orde **elke dag te** doen; sal jy minder tyd spandeer om omtrent alles te doen, en jou met tyd los om meer te doen as wat jy nou doen, of jou tyd gee om eenvoudig te ontspan. En wanneer jy kinders het, deur 'n goed-gedefinieërde roetine te hê, sal jy minder tyd spandeer om nuwe aanwysings te gee, jy sal goed-opgeleide en goed gemanierde kinders hê, en dit sal hulle help om baie meer elke dag te bereik.

Sy staan op! Spreuke 31:15 sê vir ons, "Sy staan op as dit nog nag is en maak kos vir haar huisgesin; en ook haar slavinne kry hulle deel." Alhoewel die Spreuke 31 vrou "eintlik verwys na die gidslyne wat 'n moeder vir haar seun gegee het om 'n kosbare vrou te vind, en is nie 'n maatstaf om te sien of ons dit as 'n eggenoot maak nie, kan ons soveel leer uit die wysheid wat gevind is in hierdie verse in Spreuke.

Net onlangs, het ons na 'n buurt toe getrek, en een van ons pastore woon om die hoek. Tot my skok, het my jong kinders huis toe gekom na hulle hom besoek het en uitgeroep dat hy 'n bediende het! Hulle moeder is baie jonger as wat ek is, met hulle oudste dieselfde ouderdom as my jongste kind. Toe ek een dag gaan besoek aflê, het ek haar vertel dat hoe ek van die eerste dag die vers in Spreuke 31 gelees het oor "n deel vir haar slavinne gee," Ek het gebid en geglo dat een dag ek net een bediende sal hê om wakker te maak en voer! Nou hier was sy met 'n bediende, vir wie sy nie moontlik kon gebid het so lank as wat ek het nie!

Na ons lighartige gelag, het ek vir haar gesê ek raai dat die Here nie vir my een gaan gee sodat ek vrouens kan aanmoedig wie ook nooit een sal hê nie. As jy in die V.S.A. is, is daar 'n goeie kans dat jy nie huishulp het nie, maar ek was verras hoeveel ander vrouens rondom die wêreld geseën is met in bly daaglikse hulp (dit laat my dink om een dag uit die land uit te trek, spesiaal wanneer ek minder klein helpertjies het, my kinders, wie help om my huis goed aan die gang te hou en skoon van bo na onder. So God het my die begeertes van my hart gegee, baie kinders, en ek sou hulle eerder rondom my wou hê as enige gehuurde hulp.

Soos wat jy deur hierdie hoofstuk lees, mag jy dalk sê, "Wel my kinders is te jonk om te help" of "ek het net twee kinders." Eerstens, ek het ook, eens op 'n tyd, net klein kinders gehad, jong kinders. Tog, sal ek jou eerlik sê dat as jy die tyd neem om in hulle toekoms (en joune) te belê, deur hulle op te lei om te doen watookal hulle kan op daardie jong ouderdom, sal jy groot belonings later maai. Teen die tyd wat 'n kind loop, kan hy of sy aangemoedig word om dinge na jou toe te bring en hulle speelgoed weg te pak. As jy tyd, inspanning, en jou entoesiasme om jou kinders kry om te "help" belê (selfs al sal dit jou nie 'n fraksie van die tyd neem nie), elke keer wat jou geduld vir jou werk, belê jy in albei van julle se toekoms.

Nietemin, laat my verduidelik dat met 'n huis wat ontrommel is en goed bestuur word, jy as jy net 'n paar kinders het of as hulle jonk is, jy minder gemors sal hê om mee af te reken. In ons huis wat tot nege mense gehad het (huidiglik is daar ses kinders wat by die huis bly), het ons meer skottelgoed, meer wasgoed, en meer mense wat goed laat rond laat lê. Maar ek het ook soveel meer hulp om alles te doen as ek die tyd neem om hulle op te lei.

Met jong kinders wie behoorlik opgelei is met een of ander soort roetine, sal jy vind dat daar regtig nie so 'n groot gemors is anders as die speelgoed wat rondlê nie—maar ek sal oor daardie metode later deel, as dit gevolg word, sal dit basies die gemors uit jou lewe elimineer!

Vestig slapenstyd roetines vir jouself en vir jou kinders op; dinge wat jy op dieselfde manier doen, in dieselfde orde, ieder en elke aand. Volgende, vestig 'n roetine om op te staan. Bid oor iets wat opstaan die moeite werd sal maak. Baie volwassenes word wakker met n lekker warm koppie koffie, tee, of warm sjokolade terwyl hulle, hulle Bybel lees en/of bid. Terwyl ek in Florida met vakansie was, was 'n vars uitgedrukte lemoensap vir my 'n lekker verandering. Soos wat ek gesê het, bid oor iets wat jou sal aanmoedig om uit die bed te spring (of ten minste om nie die sluimer knoppie te druk nie) en doen dieselfde vir jou kinders. Op Vrydae so ver terug as wat ek kan onthou, het ons "Suiker Graanvlokkie Dag" gehad — dit is een dag, ten minste, wat my kinders nie laat slaap of misluk om uit die bed uit te klim nie!

As jy vir werk vertrek, en/of jou kinders vertrek vir skool, skep dan 'n roetine om vinnig en doeltreffend uit die deur te gaan. Dink en beplan vooruit, en dan deur dit getrou te doen is wat maak dat jou lewe vlot verloop. Verskeidenheid is "die spesery van die lewe," maar te veel verskeideinheid maak die lewe te pittig en onverdraagsaam.

Roetines

Elke oggend, gaan ek my spyskaart vir die dag na wat ek die vorige aand uitgeskryf het. Ek berei ontbyt voor en begin om voor te berei of die bestanddele vir middagete en aandete uit te lê. Maar, voorheen toe ons so ver van die winkel af gebly het, op 'n plaas, was meeste van ons vleis en ander items in een van ons diep vrieskaste gestoor. So as ek gewag het, selfs tot die oggend om my spyskaart na te sien, sou die vleis nie ontdooi gewees het nie, spesiaal nie gedurende die winter maande nie. Dit is toe wat ek die spyskaart die aand vantevore begin nasien het. Nietemin, die maandelikse spyskaart is ook in 'n later hoofstuk, so vir nou, die tyd om te besluit, "Wat is vir aandete?" moet wees net na aandete of niks later as voor jy bed toe gaan snags nie.

Laat my 'n ompad hier in ons voorbeeld roetines neem om jou 'n paar goed te leer wat jou sal help. As jy gevriesde vleis gebruik, maak seker dat jy dit in jou roetine inwerk om jou spyskaart na te sien, die aand vantevore (basies, wat jy die volgende dag vir maaltye sal hê). As jy vars vleis gebruik, dan moet jou maaltyd plan nie later as eerste ding in die oggend gedoen word nie.

Moet nie doen wat meeste vrouens doen en wag totdat jy aandete behoort te *maak* om uit te pluis wat jy gaan hê, net om uit te vind dat jy bestanddele kort kom, en dan uitgaan om daardie een bestanddeel te kry (en 'n peer meer goed op te tel wat jy nie nodig het omdat jy honger is nie) net om aandete weer— laat te hê! Of erger, hulle hardloop om kitskos te kry. Die statistieke wys dat Amerikaners kitskos vir meer as 40% van hulle maaltye eet, en dit is die rede hoekom hierdie presiese persentasie van Amerikaners oorgewig en ongesond is!! Al gee jy nie om oor gerieflikheid nie, jou familie se gesondheid (of jou gesondheid) is op di spel wanneer dit die roetine in jou huis is.

In plaas daarvan om in hierdie vetsugtige en ongesonde kategorieë te beland, begin nou dadelik om uit te pluis wat jy vir aandete gaan hê of in die oggend of selfs beter die aand vantevore (spesiaal as jy jou vleis vries). In 'n opkomende hoofstuk, sal ek jou help om 'n maand se spyskaart te skep (nie om vir 'n maand vooruit te kook nie, maar net 'n spyskaart sodat jy "weet" wat jy gaan hê en om te "weet" dat jy die bestanddele het *voor* jy dit begin maak) en 'n inkopie lys om jou spyskaart te ewenaar. Hierdie klein belegging van jou tyd, belowe ek, jou lewe sal radikaal verander en die vrees uit maaltye en kruideniersware inkopies neem! Alles wat ek doen is eenvoudig. Elke metode neem net 'n klein belegging van jou tyd, maar hou vir jare om 'n huis en lewe te skep wat vlot verloop!! Nou terug na ons roetines.

Nadat ek my spyskaart nasien, skryf ek die spyskaart vir die dag op 'n bordmerker vir my familie om te sien. Ek het vir' n rukkie opgehou om dit te doen, toe het ek besef dat dit my, sowel as my familie gehelp het om te weet wat op die spyskaart is. Die rede waarom ek dit begin doen het wat om die vraag uit te sny wat moeders haat om te antwoord— "Wat is vir aandete?" Dit help ook my dogters om te weet of hulle een of ander koekie beslag vir nagereg moet maak, of brood bak. Vir my om die volgende dag se spyskaart op die bordmerker te skryf is om vooruit te bly eerder as agter te raak. Wat 'n wonderlike gevoel.

As jy 'n besige ma is, mag jy 'n drukpot soveel as jy kan gebruik, sodat jou aandete op tyd reg is. My buurvrou wat my genooi het om met al haar vriende en bure te praat oor maaltyd beplanning, het vir my gesê sy maak tot op drie drukpot resepte per week. Sy is een van die moeders wat ek weet deel van die Amerikaanse kultuur was wat soveel as vyf keer per week uit geëet het!! Ter aanvulling om die versoeking om uit te eet uit te wis, maak 'n drukpot jou huis die hele dag wonderlik ruik! Ek het die tafel na ontbyt vir aandete gedek. Toe het ons by die tafel begin tuisskool, so dan het ek dit na skool gedoen. Toe ons op die plaas gebly het, het ons 'n formele eetkamer gehad, so, die tafel is onmiddelik gedek na ons aandete geëet het om gereed te wees vir die volgende dag. Doen watookal vir *jou* familie werk, en as jou familie verander, verander jou roetine om die tafel te dek.

Die punt met hierdie beginsel is om die tafel onmiddelik te dek nadat die aandete skottelgoed opgeruim is (soos wat ons doen vandat ons 'n formele eetkamer het), na jou ontbyt of middagete skottelgoed, of na jy klaar is met tuisskool of as jy tuisskool by jou tafel. Moet net nie wag totdat jy probeer om die maaltyd voor te berei, soos wat meeste mense doen nie, om jou tafel af te dek en te dek nie.

My beste vriendin sedert my agste graad bly in 'n baie klein plekkie saam haar man en twee kinders. Alhoewel ek besef dat dit baie klein is, kon ek nie glo dat hulle net goed opsy stoot sodat net een persoon by die tafel kan sit. As jou tafel jou "vang alles", is gaan asseblief uit en kry een of ander emmer of mandjie om jou gemors in te sit terwyl jy 'n lekker maaltyd by die tafel geniet. Jy en jou familie verdien om 'n lekker maaltyd saam te hê, en dit beteken nie voor die televisie nie!

Meeste jong mense, wat oorkom vir aandete, kommentaar oor die feit dat ons familie aansit en ons meeste van ons maaltye saam eet. Ons saam eet het nie na die egskeiding verander nie. In werklikheid, wat verander het was die aantal gaste wat ons amper daagliks vir aandete oor het of vir ontbyt Saterdae. Toe ek uitgevind het dat my man my weer gaan skei, was ek vasbeslote om vir seëninge te kyk in alles en het volle voordeel uit elke situasie geneem. Maaltye was een van hulle. My eks-man was altyd bekommerd oor geld, maar ek weet dat God voorsien in AL ons behoeftes en Hy moedig ons aan om te gee! As jy probleme het met finansiële ellende, lees dan asseblief my boek *Armoede Mentaliteit* aanlyn. As dit die egskeiding is wat ou moeilikheid veroorsaak, lees my boek *Staar Egskeiding in die Gesig*. Hierdie is gratis aanlyn beskikbaar.

Kos van ver. Huidig, bring ek een keer per week "kos van ver" vir my vars bestanddele, soos vrugte, groente, vleis, en suiwel van 'n plaaslike kruideniersware winkel. My groot inkopies word ook een keer per week gedoen nadat ek my maaltye vir die maand beplan het. Toe ons op die plaas gebly het (en ons geseën was met 'n diep vrieskas), het ek een keer per week inkopies gedoen. Doen watookal vir jou en jou familie se situasie werk. Maak jou vars kos en maaltyd inkopies deel van jou roetine.

Toe ons na ons plaas getrek het, was amper al ons vleis op ons land grootgemaak en geslag. Ons het verskeie maande van vleis in ons vleis vrieskas gehad om van te kies en ons spyskaart om te werk. Die res van ons een-keer-per-maand inkopies was in die "groot stad" gedoen by Sam's, 'n afslag pakhuis, wat 'n uur weg was by en "in die stad" by Wal-Mart, wat omtrent 'n halfuur weg was.

Ek het verskeie kere probeer om al my inkopies op een dag te doen, maar nie eens ons 15-passasier vervoer wa kon al die kos hou met net een helper en myself. Ek was ook so uitgeput van die twee ure ryery, inkopies, en dan om dit alles weg te pak. Na baie gebed, het ek die inkopies in twee dae een keer per maand verdeel. Ons was ook geseën met drie spense op ons plaas, maar selfs al het jy nie hierdie seën nie, kan jy baie in jou motorhuis stoor waar ons, ons oorvloei soos papier produkte stoor.

Soos die wolk beweeg het, en so het ons! Nou bly ons nader aan die stad, net vyf minute weg van 'n groot supermark Wal-Mart en 'n 15-minute ry na Sam's. Ons het in 'n groter huis ingetrek, maar dit het 'n baie kleiner kombuis gehad, en geen spens nie. Dit beteken dat ek moes terugkeer na inkopies doen een keer per week, en vir 'n rukkie het my dogters al my inkopies gedoen.

Ek raai dat God baie voorbeelde wil hê om hierdie boek behulpsaam vir almal van julle te maak, so Hy hou die wolk aan die beweeg in my lewe.

As jy daarvan hou om geld te spaar (of jou man het jou op 'n begroting), doen jou inkopies by die afslag bakery winkels. Daar was baie afslag bakerye toe ons in Florida gebly het, en elkeen het sy eie spesialiteite gehad. So, vra rond om te sien of hulle in jou area beskikbaar is.

Jy kan ook uitkyk vir 'n dubbel-afslag dag wanneer jy meer besparings sal ontvang. Meeste vleis departemente plaas hulle vleis laat in die aand op afslag en jy kan hulle baie vroeg die volgende oggend (omtrent 6 VM) opraap. Moet nie bang wees vir te min slaap nie—God waarsku ons net van te veel slaap! Ek het vroeë oggend inkopies een keer per maand vir vleis beplan. Dit was wonderlik om **heeltemal alleen** uit te glip aangesien my man daar was saam die kinders toe hulle klein was. Tye het verander, nou is ek 'n enkel ma, maar ek vind nog steeds dat om vroeg inkopies te doen help my om die skare te oorwin en my tyd alleen toe te laat wat ek so baie geniet.

Familie maaltye. Een van die mees belangrikste take as 'n vrou en/of moeder is om 'n lekker aandete voor te berei wat nie haastige of "kitskos" is nie. Dit behoort 'n tyd te wees waar na die familie uitsien en 'n tyd wat elke dag opsy gesit is om oor die gebeure van die dag te praat.

Om 'n nagereg, van 'n stukkie vrug na 'n klein peperment tot iets groot soos poeding, koek, of tuisgemaakte koekies, sal help om jou maaltye spesiaal te maak. My eks-man kom uit 'n lyn van Swede, so nagereg het deel van ons maaltye geword.

Praat van mans, maak seker dat jy nie probeer om "moeder" te speel met jou man se eetgewoontes nie. Selfs al het sy dokter jou streng bevel gegee het, jou man is nie jou pasient nie. Ek sou eerlik eerder wou vredevol met my man gebly het en in onderdanigheid tot hom (om die seëninge om hom Here te noem te maai, wat ek gedoen het, sien 1 Petrus 3:6 as jy die konsep skrikwekkend vind) vir 'n kort rukkie, as om 'n lang en bitter lewe te lei, wat is wat sal gebeur as jy sy gesag ondermyn! As sy dokter, sy ouers, of sy baas probeer om jou te druk om bo jou man se gesag te gaan, glimlag en sê vir hulle, hulle praat met die verkeerde persoon en om met jou man te praat. *Nou terug na hierdie les:*

Om 'n gelukkige toekoms te verseker, het ek "bak lesse" in my dogters se opvoeding inkorporeer. Ek het my oudste dogter toe sy omtrent nege jaar oud was geleer, en nou doen haar jongste susters die bak werk. Bak is die beste plek om te begin wanneer jy jou dogters of seuns leer, voor hulle leer om te kook.

Die mans in ons familie is LIEF daarvoor om vars, warm koekies of enige ander gebakte lekkernye vir nagereg te hê! Ons familie is bekend om vars-gebakte koekies te offer wanneer vriende oorkom om te besoek. Dit is nie hoe ek groot geword het nie, maar ek is so bly dat die Here my gehelp het om te verander sodat dit deel van my kinders en hulle eie families se erfenis sal wees sodra hulle trou.

Om te leer hoe om te bak (dan kook) is wonderlike opvoeding vir jou dogters se toekoms. Watter man sal nie gelukkig wees met 'n vrou wat uit niks kan bak.! Werklik, bak is 'n spesiale en verlore ministerie vir die kerk. Toe ons, ons op plaas gebly het, het my dogter koekies en pasteie gebak vir baie van die pastore in ons kerk. Meeste van hulle vrouens het nie gebak nie, so dit was n regte trakteerinkie en seën vir die hele familie.

Kyk vorentoe! Weereens, moet nie wag tot vier uur in die namiddag wanneer alles in 'n dol toestand is (wanneer die huis 'n ramp is en die baba net uit sy middagslapie wakker word) om te wonder, "Wat moet ons vir aandete hê?" Gaan jou spyskaart net na ontbyt na, maar selfs beter, die aand vantevore, spesiaal as jy beplan om gevriesde vleis te gebruik.

Maak dit maklik! Beplan jou spesiale groot maaltye net nou en dan. Ek maak net Saterdae 'n warm, groot ontbyt vir my familie. My best resepte is in 'n later hoofstuk, baie het blou linte gewen maar is *maklik* om te maak. Toe ons op die plaas gebly het, het dit nodig geword om 'n groot, warm ontbyt vir twee tot drie oggende gedurende die week te maak.

Maar God is goed—my oudste dogter was lief daarvoor om die lof by die familie te kry, en sy het vroeg wakker geword om hierdie ekstra warm maaltye vir my te maak!

Onthou net, moet nooit bang wees vir eenvoud om jou lewe te balanseer nie. Ek gebruik papier borde op kleur gekodeerde bord houers vir middagetes—O, ja, ek glo in energie besparings—myne. En ek gee om oor die omgewing: ons huis omgewing van vrede en minder twis! Nietemin, ek hou ook daarvan om my familie te behandel soos gaste deur 'n pragtige tafel te dek vir al ons aandetes en vir ons groot Saterdag ontbyt. My familie is meer spesiaal vir my as die gaste en hulle weet dit deur die tyd wat ek neem om hulle spesiaal goed te behandel.

Wie is Eerste in die Huis?

As jy huidig getroud is, wees asseblief seker dat die dinge wat jou man jou gevra het om te doen bo jou "Te Doen Lys" is eerder as onder. (Dit sal baie kwaad en gegrieftheid van sy part en baie seer gevoelens van jou part spaar!) Ons voorbeeld, Sara, het selfs vir Abram here genoem! (Sien "Vrouens, Wees Onderdanig" in 'n Wyse Vrou as jy probleme met hierdie konsep het!) Daarom, as jy huidig getroud is, maak dit jou hoofdoel om jou man se versoek as top prioriteite te plaas! Deur dit te doen het my opgelei om my nuwe Man bo aan my lys te sit en ek is vandag so geseën!

Wat is die punt? Wel, baie vroue vertel my van hulle opstandige of disrespekvolle seun of dogter wie hulle voel hulle mee vervloek is. Normaalweg, word kinders geteel om opstandig te wees as 'n resultaat van hulle ouers wie opstandig is teen hulle gesag. Die ontsagwekkendheid van God is dat alhoewel my eks-man opstandig was, is my kinders nie as gevolg van die respek wat ek my man gegee het toe ek getroud was, en wat ek nou aan my eks-man gee (op 'n verskillende manier, natuurlik) aangesien hy nog hulle vader is. My doel is om 'n voorbeeld te wees vir almal wat my dophou, om 'n getuienis te wees van my liefde vir my Here, en Redder, Jesus, wie nou werklik my Man is! Dit begin in die huis, en selfs dieper, in my hart. Wat van jou?

Ter Afsluiting

Deur 'n roetine in jou lewe te vestig sal jou lewe vlot en effektief laat verloop, en sal meebring dat jy in jou wat jou kinders baie minder instruksies en dissiplinering hoef te gee. Jou stres vlak sal in vreugde vervaag, wat 'n gelukkiger huis, kinders, en man (as jy getroud is) sal vergesel. Neem die tyd om 'n werkbare roetine in jou lewe te vestig!

As jy wonder hoe dit in jou lewe sal werk, met al die veranderlikes wat elke week aangaan, dan sal die volgende hoofstuk jou voorstelle gee soos wat ek my gevarieerde skedules met jou deel wat jou idees mag gee wat vir jou sal werk!

Hoofstuk 5

Maak die Meeste van

Elke Dag

Hoe Jy Kan Begin!

In die begin het God die hemel en die aarde geskep…
—Gen 1:1

Wanneer ek ooit met 'n jonger vrou praat, wat oënskynlik oorweldig is met die taak van huishouding, vind ek gou sekere duidelike areas van afskeep werk. Die heel eerste area van afskeep werk is baie dikwels om 'n daaglikse roetine vir haar en die kinders op te stel, waarvan ons kortliks in die vorige hoofstuk gepraat het.

Met dit gesê, laat ek my verklaring verduidelik. Ek het nie gesê dat jy 'n roetine vir jouself, jou man en jou kinders moet opstel nie—nee, nee. Moet nie dink, voorstel of impliseer dat jou man in jou, of jou kinders se roetine moet inval nie!! Inteendeel, jy en jou kinders moet by jou man se roetine inpas.

"Haar man steun op haar (sy vrou) en pluk die vrugte van haar werk" (Spr. 31:11). Kan jou man vertrou dat hy op die vrugte van jou werk kan pluk?

"Verder het die Here God gesê: "Dit is nie goed dat die mens alleen is nie. Ek sal vir hom iemand maak wat hom kan help, sy gelyke." (Gen. 2:18). As dit 'n nuwe konsep vir jou is om 'n helper vir jou man te wees, of as jy sukkel met hierdie raam van denkwyse, lees of (lees weer) Les 9, "Geskikte Helper," in 'n Wyse Vrou wat beskikbaar is deur ons ministerie aanlyn winkel. Gaan na RestoreMinistries.net vir meer informasie.

Nou mag jy dalk vir my vertel dat jou man se lewe sonder 'n rympie of rede daartoe is nie, maar dit is waar jy verkeerd is. Almal is gewoonte mense. As jy gedink het dat jou man nie 'n oggend roetine het nie, kan ek vir jou sê dat jy hom nie dopgehou het nie! Onthou, 'n Knap vrou is baie werd, baie meer as edelstene." (Spreuke. 31:10). Dit was baie moeilik om 'n knap vrou te vind toe Spreuke geskryf was—nou, is dit amper onmoontlik!

So wat het veroorsaak dat 'n knap vrou moeiliker te vinde is in vandag se wêreld? Die nuwe feministiese idees het ons gedagtes verwronge gemaak, en nou het ons denkwyse verdraai. Die vers in die Bybel moet ons op die regte pad sit. "Die man is nie uit die vrou geneem nie, maar die vrou uit die man. Die man is ook nie ter wille van die vrou geskep nie, maar die vrou ter wille van die man" (1 Kor. 11:8-9). Die beginsel vorm die fondasie van ons huise. Sonder 'n goddelike fondasie, sal ons huise val soos wat onwetend hulle met ons eie hande afbreek! "'n Wyse vrou sorg vir haar huis; 'n vrou sonder wysheid breek alles af" (Spr. 14:1).

Die eerste stap is weereens dat jy vir jouself en jou kinders 'n ROETINE op te stel wat aangepas is met jou man se skedule. Jy mag dink die terme "skedule" en "roetine" is uitruilbaar, maar hulle is nie. 'n Skedule bepaal "tyd," waar 'n roetine 'n patroon is om sekere aktiwiteite uit te voer. Nou, sal tyd sekerlik vir jou 'n faktor in jou roetine wees; nietemin, ek het gevind dat wanneer ek tyd neem om my roetine te stel, ek vinnig gestres, angstig, en uiteindelik franties word!

Weereens, is 'n roetine 'n eenvoudige manier om jou aktiwiteite op in 'n sekere orde, elke, dag uit te voer. Jou huidige roetine mag dalk wees om op te staan, koffie te kry, op jou kinders te skree om te "stop. . .!" en dan om voor die televisie stel te gaan sit en 'n oggend program te kyk tot etenstyd.

Of jou roetine mag wees om laat op te staan, na jou kinders se kamers te hardloop, om te skree "staan op ons is laat! pap in 'n bakkie te gooi, iets vir hulle in hulle kosblik te sit, en om tien minute paniekerig te spandeer soos wat jy desperaat soek vir huiswerk, 'n skoen, of iets anders wat jy nie kan vind nie. Almal het 'n roetine. Wat ek aanbeveel is dat jy jou roetine vasstel. Moet nie dat dit jou vasstel nie.

Wanneer jy begin met 'n idee vir jou roetine, moet dit nie te verhewe of ontoereikbaar maak nie. Hoeveel keer het jy besluit om beheer van jou dag te neem, en dan gee jy voor etenstyd op? Jy is nie 'n mislukking dat dit met jou gebeur het nie. Jy het eenvoudig net nie die regte ingesteldheid nie.

Word Wakker

Die eerste ding wat jy in die oggend sal doen is om wakker te word, so kom ons begin daar. Stel jy 'n alarm, of staan jy op wanneer jy hoor hoe jou kinders baklei? Of, maak jy een oog oop wanneer jou man jou totsiens soen? Glip hy uit om te hoop hy hoef nie jou vermoeide gesig, deurmekaar hare, en afstootlike asem te ruik nie?

Hoe sal jy daarvan hou om jou dag te begin? Wees versigtig en moet nie hier verhewe raak nie, meisies. Stel 'n tyd wat jy maklik (of ten minste wat jy dalk sal kan) bereik. Dit mag lekker wees om te oorweeg om of voor die tyd op te staan of, ten minste wanneer jou man opstaan. Sal jy nie saamstem nie? Laat ek voorstel dat jy warm water op jou gesig gaan spat, miskien selfs jou tande borsel. Hou jy van koffie, warm tee, of miskien sap in die oggend? Selfs 'n lekker, koel glas water sal jou help om aan die gang te kom. Hoekom vind jy nie uit waarvan jou man sal hou om te drink nie, en bring dit vir hom met 'n goeiemôre soen?

As dit ook tyd is vir jou kinders om op te staan, maak hulle wakker met 'n soen, of n' rugvryf as hulle al groot seuns is. My jongste dogter is lief vir koffie (vreeslik, maar waar). Wanneer ek op haar bed sit en my koppie koffie vashou, offer ek haar 'n sluk, wat 'n glimlag bring, 'n lang uitrek, en dan sit sy op.

As jou kinders nog nie "hoef" op te staan nie, laat hulle 'n bietjie slaap sodat jy hierdie wonderlike spreekwoordelike voorstel kan volbring: "Sy staan op as dit nog nag is en maak kos vir haar huisgesin; ook haar slavinne kry hulle deel" (Spr. 31:15). Toe ek dit eers gelees het, het ek gedink, "Wel, sodra ek slavinne kry (net een slavin sal eersteklas wees, dan sal ek opstaan terwyl dit nog donker is!" Jare gelede was die manier wat ek hierdie vers gerasiolaniseer het om vir myself te vertel dat selfs al was dit nie buite donker nie, het ek gevoel asof dit was!

Ek ken baie vrouens wat hierdie soort ding doen (opstaan wanneer dit nog donker is). Ek het net onlangs 'n boek by 'n vrou gekry wat haar hele dag (elke minuut van elke dag) en indvidueel haar agt kinders se elke minuut ook skeduleer het. Toe sy gaan sit het om alles te skryf wat sy elke dag moes doen, het sy gevind sy kon dit nie alles in 24 uur doen nie! (ek kan verslag doen daarvan!) So, sy het tot die slotsom gekom dat sy dit kon doen met minder slaap! Toe ek dit gelees het, sonder om dit vir 'n oomblik te oorweeg, het ek gesê, "Daar's Geen manier!"

Nou, sal ek erken, ek kry nie elke aand 'n lekker agt ure slaap nie, omdat dinge gebeur. Geselskap mag talm, te dikwels is ons laat uit op 'n afspraak aand, ons mag (en doen gewoonlik) op bly en met ons ouer kinders gesels, of daar is tye wat 'n kind siek is—maar om hemelsnaam, ek gaan nie aspris beplan om minder slaap te kry nie!

Ek verkies om hierdie Bybel vers te eis om my te lei in hierdie allerbelangrikste besluit: "Tevergeefs dat julle vroeg opstaan en laat gaan slaap om met moeite 'n bestaan te maak. Vir dié wat Hy liefhet, gee die Here dit in hulle slaap" (Ps. 127:2). Het jy opgemerk die vers sê ons moet nie "laat gaan slaap nie"? Ek stel my aangewysde slaaptyd vas 'n half uur voor die tyd sodat ek wanneer moontlik in die bed kan klim teen 'n behoorlike uur.

Nietemin, aangesien ek ouer word en nadat ek op 'n plaas gebly het, het dit baie meer moeiliker geword om laat te slaap. Ek is dikwels teen vier of vyf uur die oggend op. Dit maak my lag om die bogenoemde paragrawe te lees, met 'n klein bietjie verlange vir hoe dinge was! Nietemin, ek het nie geweet dat ek uitgemis het op die pragtigste sonsopkomste of die kosbare ure in afsondering gespandeer met die Here nie, totdat ons na ons plaas toe verhuis het. En alhoewel ons nie meer op 'n plaas bly nie, maak God my getrou wakker voor dagbreek om tyd en koffie met Hom te spandeer!

Kan Nie Opstaan Nie

As jy moeite (of jy moeite met jou kinders het) om op te staan, het ek die oplossing. Die probleem is dat meeste mense dit agter uit doen. Hulle probeer om vroeër in die aand te gaan slaap sodat hulle kan opstaan in die oggend. Dit sal nooit werk nie. In plaas daarvan, staan op (of kry jou kinders op) net een oggend wat jy gesê het jy gaan—maak nie saak wanneer jy bed toe gegaan het nie. Dan, moet nie 'n middagslapie neem nie (hou jou kinders se middagslapie kort of mis dit as hulle nog steeds een neem) en dan sal almal smeek om optyd bed toe te gaan. Wanneer ookal jy begin om laat bed toe te gaan, wat maak dat jy te laat opstaan, gebruik hierdie metode om jou slaappatroon weer terug te rol.

As jy 'n persoon is wat sukkel met 'n skuldige gewete omdat jy voel dat jy vroeër moet opstaan? Is jy die tipe persoon wat dink hulle moet ten minste 'n uur saam die Here spandeer—al beteken dit jou "stiltetyd" sou 3.30vm begin? Laat my jou die vers gee wat die Here vir my gegee het toe ek op die punt van 'n senuineenstorting gestaan het (wel, miskien was my ineenstorting in volle swang toe Hy dit vir my gegee het): "Kom na My toe, almal wat uitgeput en oorlaai is, en Ek SAL JULLE ***RUS*** GEE Neem my juk op julle en leer van My, want Ek is sagmoedig en nederig van hart, en julle sal rus kry vir julle gemoed. **My** juk is *sag* en **My** las is *lig"* (Matt. 11:28–30).

Vir amper ses jare, het ek amper niks geslaap nie. Dit het begin toe my man weg is, en ek die Here nagestreef het vir huweliks herstel. Ek kon net nie slaap nie omdat hy nie langs my in die bed was nie. Baie aande, het ek gedink ek hoor hom op die balkon van ons meenthuis (ek was nog altyd 'n positiewe dinker!) Ek was seker dat op enige oomblik hy tot sy sinne sou kom en by die heining sou opbons, op die balkon, en saggies aan my skuifdeur tik. En, natuurlik, ek sou nie wou uit mis as hy huistoe kom nie! (Lees Hooglied 5:6 as jy die prentjie gemis het.)

Nadat hy huistoe gekom het (wat per slot van sake, deur 'n telefoon oproep was, NIE deur om op my meenthuis balkon te klim nie), het ek amper obsessief geword om seker te maak ek was die perfekte vrou. Ek het een baba na die ander gehad. Hierdie oulike babas sou my onvermydelik wakker maak om geborsvoed te word, en ek sou nie weer aan die slaap kon raak nie. Ek sou na my rekenaar toe gaan en skryf het tot dagbreek. Dit het vir jare aangegaan. Die hele *Wyse Vrou* was geskryf in die vroegoggend ure van drie en met een hand, terwyl ek 'n baba aan my bors gevoed het!

Het jy geweet dat daar so ding is soos "slaap ontneming"? Wel, ek het dit gehad. Jy raak mal! Eintlik begin dit deur "bedraad" te raak. Jy kan nie slaap nie; jy kan nie rus nie. Dan raak jy mal, en is oppad om in duie te stort. Dit het my 'n lang tyd geneem om te herstel, of het ek herstel?

Ek is nou oortuig dat ons vrouens is gekul om te glo dat ons supermens moet wees. Ons glo die liedjie "ek is vrou, ek is sterk. . . "Maar, dit is 'n leun (ek kan getuig daarvan!). Die Bybel sê (en Sy Woord is waarheid), "Mans, julle moet verstandig met julle vrouens saamleef. Bewys eer aan hulle as die **swakker geslag** …" (1 Pet. 3:7).

Om swakker te wees is niks om oor skaam te wees nie; dit is hoe ons gemaak is. Dit was geen fout nie; dit is nie 'n gebrek nie. God het ons hierdie manier gemaak met 'n doel—Sy doel. En glo my wanneer ek jou vertel, wanneer jy ookal sy doel vir jou lewe probeer verander, dan is daar moeilikheid.

So ontspan, gaan vroeg bed toe as jy kan, en staan op teen 'n redelike uur. Nou, het ons amper drie bladsye gedeel aan opstaan. Kom ons kyk of ons besigheid kan doen.

Nou is Jy Op!

Skep jou roetine gebaseer op wat jy wil doen, of wat jy volgende moet doen. Jy sal in een van twee katogorieë val die "nodig om te doen" of die "wil doen" kategorie. As jou man weg is werk toe, dan is dit 'n "nodig" om te doen. Jy sal dinge as 'n vrou *nodig hê om te doen.*

As jou kinders 'n tyd het by wanneer hulle vir skool moet vertrek, is dit ook 'n "nodig om te doen" besluit. Jy moet as 'n moeder sekere goed *nodig hê om te doen.*

Ek val in die "wil doen" kategorie (prys die Here). Nie ek of my man gaan werk toe nie, en ons kinders gaan nie skool toe nie.

(As jy geinterresserd is om VRYGESTEL te word om jou kinders skool toe te stuur, kan jy uitvind oor die BESTE besluit wat ek en my man ooit gemaak het in die laaste les van *'n Wyse Vrou*, en meer spesifieke informasie in Enter *by the Narrow Gate: Homeschooling with Conviction!*)

Daar is soveel vryheid om in die "wil doen" kategorie te lewe. As jy in hierdie kategorie is omdat jy steeds nog klein net kinders het en jy is geseën om by die huis te wees—het jy vryheid! So hou daaraan vas deur jou kinders by die huis te hou en hulle jouself te leer.

Nou, vryheid is om vry te wees om te doen "nie net wat jy *wil*" "maar wat jy ***moet.***" "Wat ons sondige natuur begeer, is in stryd met wat die Gees wil, en wat die Gees wil, is in stryd met wat ons sondige natuur begeer. Hierdie twee staan lynreg teenoor mekaar, en daarom kan julle nie doen wat julle graag wil nie" (Gal. 5:17).

"En nou het ons nog iets anders om van julle te vra, broers. Julle het van ons geleer hoe God wil hê julle *moet lewe*. Julle doen dit ook, maar in die Naam van die Here Jesus versoek ons julle dringend. Lê julle nog meer daarop toe" (1 Tess. 4:1).

Vryheid wat onregeerbaar is of nie onder beheer is nie is regtig slawerny. Jou vlees sal begin om jou lewe te reel. Jy mag selfs sit in 'n lustelose bedwelming, soos beskryf in die Skrif.

"Hoe lank gaan jy nog lê, luiaard, wanneer gaan jy opstaan?" (Spr. 6:9)

"'n Deur bly op sy skarnier draai; 'n luiaard bly omdraai op sy bed" (Spr. 26:14).

"'n Lui mens soek sy dood, want hy wil nie sy hande uit sy moue steek nie ..." (Spr. 21:25).

Of, is jy besig om nêrens te kom nie:

"Sy is luidrugtig en uitdagend, maar haar huis is te nou vir haar; sy maak haar ronde in die strate, op die stadspleine, sy staan op loer op elke hoek" (Spr. 7:11-12).

"Sy hou jou weg van die pad van die lewe af, sy laat jou dwaal, en jy weet dit nie" (Spr. 5:6).

Hardloop jy van plek tot plek, van projek tot projek, van huis tot huis, van stoor tot stoor, en kry jy niks gedoen in jou huis nie?

Die tweede stel verse beskryf die owerspelige vrou. Was jy ontrou aan jou man, omdat jy jou verantwoordelikheid as 'n tuiste skepper, vrou, en moeder afgeskeep het? Dit is hoekom baie mans hulle vrouens los, en hoekom baie jong mans verkies om nie te trou nie. Hoekom moet hulle? Selfs die kerke is vol van hoere om mee te slaap. As hy wel trou, sal sy by die huis wees en omsien vir hulle huis en hulle kinders?

Sal sy uit wees besig om te werk, terwyl sy kinders by 'n dagsorg grootgemaak word? Sou sy haar verantwoordelikhede by die huis en met hulle kinders as haar loopbaan sien, en daarvolgens daaraan werk? Of sou sy eenvoudig by die huis bly, en haar pligte verwaarloos?

Ons ouer seuns bereik nou die ouderdom om te trou, en om 'n "knap" vrou te vind lyk amper te onmoontlik. 'n Jong vrou wat nie geinterreseerd is in 'n loopbaan is soos om 'n naald in 'n hooimied te soek! Selfs die wat verklaar hulle wil tuisteskeppers word gaan kollege toe en soek 'n graad om iets te hê om op "terug te val." Ongelukkig, wanneer jy voorberei vir 'n "Plan B," gebeur dit gewoonlik. (Vir meer informasie oor jong vrouens versus jong mans op te lei, en meer informasie oor die gevare om 'n werkende vrou te wees lees, *'n Wyse Vrou.*)

Hoe lank sal jou man sy werk hou as hy in die koffie kamer sit en 'n boek lees? Hoe lank sal hy sy werk hou as hy uitgegaan het om 'n taak te gaan verrig vir sy baas en uit bly tot skemer? Hoe lank sal hy sy werk hou as hy nie sy werk doen nie?

Meisies, moet nie by my kom huil en uitmaak dat jy nie geweet het nie. Dit is hoekom mans hulle vrouens los. Watter man wil huistoe kom na ‘n vrou met ‘n houding, wat haar pligte verwaarloos, en tog die vermetelheid het om hom te vertel waar Dawid die wortel begrawe het?

Nie so baie jare gelede, was mans erg om ‘n vrou te vind en te trou. ‘n Vrou was ‘n vurige kommoditeit, as haar begeerte was om kinders te hê vir haar man, wel opgevoede kinders op te lei, ‘n mooi huis te hou, heerlike maaltye te maak, en om sy minnaar in die aand te wees. As dit jou afsit, dan is jou verstand gerig op die boosheid van hierdie wêreld en is jy onkundig aan God se Woord. As ek verkeerd is, dan hoe het Spreuke 31 en Titus 2 in die Bybel gekom?

Ek vra weer vir jou, was jy ‘n ontroue vrou aan jou man? As jy was, kom tot inkeer voor die Here en vra Hom om jou te verander. Noudat jy gemotiveer is, kom ons gaan terug na die besigheid onder hande

Wat is Volgende?

Nadat jy op is, sal die volgende stap wees om aan te trek, ontbyt te eet, of die beddens te maak. Om hierdie besluit te maak, vra jouself, “Wat moet ek doen” as jy in die “moet doen” kategorie is. As jy in die “wil doen” kategorie is,” vra jouself, “Wat sal my gemotiveerd laat voel? Wat sal my aanhou laat beweeg om die volgende taak te oorwin? Wat sal my oor die volgende hom kry?

Sommige vrouens voel honderd keer beter as hulle net uit hulle kamerjas kom. Ander vrouens het net nodig om iets in hulle maag te kry, of hulle kinders gevoer te kry. Sommige moet hulle beddens opmaak voor hulle die kamer verlaat om beter te voel. *As jy in die versoeking kom om terug in die bed te klim, stel ek voor jy maak jou bed eers op!* En sommige vrouens hou daarvan om te loop of oefening te doen.

As jy oefening fanatikus is, laat my jou eers 'n vraag vra. Sodra jy oefening gedoen het, is jy so moeg dat jy niks gedoen kan kry nie? Of is jy so verkwik en gereed om die wêreld aan te neem? Ons almal ken onsself. Neem 'n bietjie tyd om oor hierdie vraag na te dink. *Sela*. (Wanneer jy dit in jou Bybel sien, beteken dit dat jy die gedagte moet oordink vir 'n rukkie.)

Oefening is puik as dit jou help om kalm te bly, en dit jou in 'n goeie luim sit sonder om jou uit te mergel. Nietemin, 'n goeie oefen sessie kan ook volbring word deur jou huis diep skoon te maak! As jy diep buig terwyl jy dinge van die vloer af optel, ferm stofsuig om jou hart gepomp te kry, jou arms te versterk deur toilette of baddens te skrop, of selfs om 'n lekker tuisgemaakte brood te maak deur baie te knie is alles uitstekende vorms van oefening. Vrouens vandag skeep hulle huise af en gaan na die gym of hardloop rondom die buurt. Dit is goed om in goeie vorm te bly, solank as wat jou huis nie die nalating weerspieël nie.

Om jou te help 'n roetine bymekaar te kry, mag dit helpvol wees vir my om vir jou te sê wat om te doen wanneer ek opstaan, en miskien 'n paar ander periodes van tyd wat ek dit op 'n ander manier gedoen het. Dit mag jou help om te besluit hoe om die roetine vir jouself op te stel.

'n Ander Roetine

Toe my kinders klein was en nog nie in die skool nie was dit my roetine. Ek het gewoonlik dieselfde tyd opgestaan, sewe uur in die oggend, wanneer ek my man in die stort gehoor het. Het ek opgestaan, ons bed opgemaak, en die kamer opgeruim. Ek sal my man se klere op sy droograk uitlê (daardie staander wat mansklere hou) Op dieselfde tyd, sou ek alles gestryk het soos wat dit uit die was gekom het en voordat ek dit in die kas gepak het. Maar toe ons kaste begin kleiner en beknop raak, kon ek nie dit bekostig om soveel tyd opsy te sit vir strykwerk nie. In plaas daarvan, het ek begin om sy klere uit te kies en dit voor, of gedurende sy stort gestryk.

Laat my jou verseker, my seuns kan almal vir hulleself stryk, en my doters stryk vir hulleself (die jonger kinders is nog te klein, maar hulle sal leer). My dogters weet dat een dag hulle, hulle mans se klere sal stryk; daarom, seën hulle dikwels hulle broers deur hulle klere te stryk.

Nadat ek die klere uitgelê het, sou ek onder toe gaan om die koffie te maak, en somtyds my Bybel te lees, en wag totdat ek die kleintjies bo hoor begin beweeg. (Wanneer kinders 'n vasgestelde roetine het van eet en slaap, sal hulle omtrent dieselfde tyd elke oggend opstaan.) Dan, sou ek opkom, hulle goeiemôre soen, en hulle help om aan te trek. Teen die tyd wat ons hulle slaapkamer verlaat het, was die beddens opgemaak en die kamer netjies. En tensy ek daardie dag die badkamers moet skoonmaak, het niemand boontoe gegaan tot hulle middagslapie nie.

Dan, het ons almal onder ontmoet vir ontbyt saam pappa en saam hom na die motor toe geloop, en gewaai soos wat hy weggery het. Sodra ons binne is, sou ons na die "geslote" speelgoed kas gaan en die aangewese speelgoed vir die dag uithaal. (Meer informasie oor hoe om kinders se speelgoed uit te sorteer in Hoofstuk 9 "Speelgoed") Dan, sou ek 'n bondel wasgoed begin en my huiswerk kaartjies nasien (meer oor huiswerk kaartjies in 'n opwindende opkomende hoofstuk!) om te sien wat om die res van die dag te doen.

Een finale Roetine Voorbeeld

Toe ek vier kinders gehad het, en my oudste begin kleuterskool toe gaan (ek het nie begin tuisskool gee totdat my oudste net graad 2 begin het nie), het my roetine so gelyk.

My alarm sou gestel word vir 6.30 v.m. Ek sou opstaan en Dallas wakker maak (Eeeeek, die berugte skoolbus!). Ek sou in gaan en ontbyt vir hom maak, en dan wanneer hy by my aangesluit het nadat hy vir skool aangetrek het. Het ek vir hom sy kosblik en rugsak gegee. Wanneer Dallas teruggekeer het van die skool af, het ek sy kosblik uitgewas, en sy middagete vir die volgende dag gemaak, en dit in die yskas gesit. Hy was geleer om sy huiswerk onmiddelik te doen wanneer hy by die huis gekom het, dan sal ek dit nasien; hy sou sy rugsak pak, en dit by die voordeur los.

Almal sou nog geslaap het, so dan het ek saam Dallas na die bushalte toe gestap en gewag totdat hy op die bus klim. Dan sou ek huis toe loop, gewoonlik om iemand wakker te vind. Dan het ek ontbyt gemaak vir die res van die familie, die baba geborsvoed, en saam my man na die kar toe geloop met die kinders agterna.

Sodra ek binne was, sou ek weer die speelgoed vir die kinders uithaal om mee te speel. Nadat hulle met die speelgoed begin speel het, het ek in elke kamer gegaan om hulle beddens op te maak, vuil klere bymekaar te maak, asblikke leeg te maak, stofsuig, en afstof. Dan, sou ek na die volgende kamer toe gaan en dieselfde doen. Dames, dit voel so goed om 'n skoon huis te hê.

Nog 'n wonderlike wenk: Ek het nooit my kinders toegelaat om in hulle kamers te speel nie. Slaapkamers is om te slaap, aan te trek en te lees. Somtyds, het ek speel areas gehad; gewoonlik was dit in die sitkamer. En voor hulle ooit toegelaat was om buite te gaan om te speel, of stop vir middagete, of gaan lê vir 'n middagslapie, is die speelgoed almal opgetel. Dit is nie moeilik as daar net een speelgoed emmer op 'n slag uit is nie. (Weer, ons sal meer spesifiek wees oor speelgoed in 'n opkomende hoofstuk.)

Ek moet weer my hart deel oor tuisskool. As jy al OOIT gedink het daaraan om jou kinders te tuisskool, laat ek jou vertel dat my man en ek glo dit was die BESTE besluit wat ons al ooit gemaak het, en dit het die goeie vrugte in ons kinders, waaroor so baie kommentaar gelewer word, teweeg gebring.

Ek het ‘n video reeks saamgestel en ‘n audio reeks getiteld, *Tuisskool vir Hom!! (Tuisskool vir die Here en nie om jou man te kry om jou kinders te tuisskool nie.)* dit sal jou motiveer en jou vertroue gee om dit te doen. Ek het tuisskool vereenvoudig, plaas God in die middel, ek het hierdie metode met baie vrouens gedeel wie ek ken, of wie ek ontmoet het, en ook by tuisskool konferensies. Hulle sê vir my dat hulle nou vind dat om hulle kinders te tuisskool hulle dit baie maklik en belonend is. Neem ‘n oomblik om na ons webwerf toe te gaan vir meer besonderhede—jy sal ons by RestoreMinistries.net. vind.

Afsluiting

Ek hoop dat jy ‘n roetine vir jou familie kan vorm van dit wat ek met jou gedeel het. Wanneer jy ‘n roetine opmaak, dan moet jy dit elke weeksdag oggend per roetine doen.

Dit is die plek om te begin en jou lewe en huis terug in orde te kry. Afwisseling is die “kruie vir die lewe.” Maar te veel afwisseling (of kruie) maak dinge wild en te warm om te hanteer! As jy nie ‘n roetine het nie, en jy moet elke dag besluit wat om volgende te doen (om nie te noem om jou kinders te kry om elke dag iets nuut te doen nie), sal jy nooit uit die bed uit wil klim nie!

God is ‘n God van orde en roetine. Elke oggend, dieselfde tyd kom die son in die ooste op. Ons seisoene is ingestel. Swangerskap, die kraam en geboorte; alles gebeur met spesifieke tydsberekening en ‘n vasgestelde roetine. Dit is God se manier, ‘n manier van orde en voorspelbaarheid. Word meer goddelik deur Sy voorbeeld te volg en ‘n werkbare roetine in jou familie se lewe te bring. Dit sal die “vrede bring wat alle verstand te bowe gaan.”

Hoofstuk 6

Maak die Beste van Jou

Skedule

Nommer Jou Dae

Leer ons ons dae so
gebruik dat ons
wysheid bekom.
—Ps. 90:12

Wanneer ek opgewonde raak oor iets nuuts om met my familie te probeer, sal 'n krisis nooit misluk om te gebeur nie. Die vyand is 'n dief! Aangesien jy vir hulp in jou lewe gebid het, en God jou beantwoord het deur vir jou 'n nuwe plan te gee, dan sal die vyand ongetwyfeld inkom om dit op te mors. Het dit alreeds die eerste oggend gebeur toe jy probeer het om 'n roetine met jou familie op te stel?

Die baba word siek, jou man vra jou om iets ongewoon vir hom te doen, of jou familie besluit om dieselfde week te kom kuier. Dit is net deel van die alledaagse lewe!

"**Geliefdes, moenie verbaas wees** oor die vuurproef waaraan julle onderwerp word nie. Dit is nie iets vreemds wat met julle gebeur nie" (1 Pet 4:12) "Wees altyd bly in die Here! Ek herhaal: Wees bly!" (Fil. 4:4) So wees bly! Dit beteken dat jy op die regte pad is, omdat die vyand probeer om jou pogings te dwarsboom!

Dit is altyd belangrik om vooruit te beplan, om 'n roetine te stel vir jou lewe (soos wat ons in die laaste hoofstuk bespreek het), en om jou huis en jou lewe te organiseer; maar onthou, toetse, beproewings, en versoekings sal elke dag in jou lewe kom, so jy moet gereed wees met 'n plan van aksie—moet nie laat beproewings *jou* onkant vang nie!

Wanneer jy ieder en elke oggend wakker word, keer na God toe en vra Hom vir Sy plan. Dit is wat die vers in Spreuke 3:6 beteken, "*Ken Hom in alles wat jy doen* en Hy sal jou die regte pad laat loop." Dit is spesiaal waar wanneer 'n krisis toesak. Gaan ***eerste*** na God toe, erken dat Hy jou wil help, en laat Hom die volgende stap wat jy neem aangee. Dit is hoe God jou beproewings in triomf kan verander! En moet nie vergeet om Hom te **bedank** vir elke beproewing nie, omdat Hy belowe om dit ten goede te laat meewerk vir ons (Sien Romeine 8:28)

Eerste Korintiërs 10:12-13 sê, "Geen versoeking wat meer is as wat 'n mens kan weerstaan, het julle oorval nie. God is getrou. Hy sal nie toelaat dat julle bo julle kragte versoek word nie; as die versoeking kom, sal Hy *ook die uitkoms gee*, sodat julle dit kan weerstaan . . ." Ons almal as tuiste skeppers staar beproewings in die gesig, maar wat belangrik is, is om God se manier *daardeur* dit te vind!

Metodes van Organiseering om Tyd *en* Frustrasie te Spaar

Alhoewel die onverwagte gebeur wanneer jy dit die minste verwag, kan ons nie op dae soos dit fokus nie. Sit dramatiese gebeure opsy, kom ons fokus om ons lewens te organiseer dat wanneer dinge gebeur, ons nog steeds in staat sal wees om te funksioneer of optel waar ons agtergelaat het.

Notas: Deur notas te maak en te gebruik is net goed as jy aanhoudend na hulle verwys, naarstigtelik volg, en die notas het wanneer jy hulle nodig het! In plaas om notas oor jou hele huis uitgesprei te hê, soos om "plakkertjies," ander stukkies papier, of lysies te hê, mag jy dit dalk oorweeg om 'n *organiseerders of afspraak boek* te gebruik om jou lysies en al die ander dinge wat jy nodig het bymekaar te hou.

Organiseerders: Organiseerders is wonderlik, en ek gebruik hulle al vir jare. Nietemin, wanneer jy een uitsoek, maak seker dit is eenvoudig en gepas vir jou doel. Dit lyk asof hulle vir bestuursamptenare ontwerp is, en nie vir mense soos ons nie; daarom, watookal jy nie gebruik nie, verwyder daardie seksies en gooi hulle of weg of gee hulle vir liefdadigheid. (Ek het hulle gehou, en gedink dat ek hulle een dag sou gebruik. In plaas daarvan, het hulle nog net een ding word wat gelei het dat ek my huis gouer moes ontrommel.) Die beste ding wat jy kan doen is om net die seksies te hou wat in *jou* behoeftes voorsien.

Toe ons na die plaas toe getrek het en ek baie vêr van alles af gebly het, het ek gevind dat ek nie so baie uitgekom het as toe ek in die dorp gebly het nie (toe ek swaar op my organiseerders staat gemaak het wat ek oral saam my gedra het).

Hierdie seksie was oorspronklik geskryf toe ek meer dikwels uit die huis uit was, wat beteken het dat ek my organisasie metode *saam* my moes hou. Meeste van julle woon nie in plattelandse liggings nie en nog minder spandeer julle die grootste deel van julle tyd by die huis, so ek wil hê hierdie hoofstuk moet vir julle ministerie.

Die eerste ding wat jy nodig het om te doen met 'n organiseerder is om dit *by* jou te hou.

Selfs nou dat ons weer in die dorp bly, vind ek dat ek probeer om my huis nie dikwels te verlaat nie, en as ek doen, is dit vir kort tydperke. By die huis, is ek gedurig op my rekenaar, waar my "organiseerder" of daaglikse kalender en kantoor kennisgewings gelos word, wat my die heledag herinner aan wat ek moet doen of wanneer dit gedoen moet word. Ek gebruik ook my telefoon alarm om my te herinner wanneer dinge gedoen moet word.

Alhoewel ek duidelik in die “rekenaar era” woon en op die vinnige baan is wanneer ek rondom die wêreld reis, het ek gevind dat ek regtig die organiseerder verkies bo ‘n palm gids. Die praktiese reël is dat jy behoort die metode wat die beste vir jou werk te gebruik.

Weereens, die meeste belangrike reël wanneer jy ‘n organiseerder gebruik is dat jy dit ten **alle** tye saam jou moet hou! Dit beteken dat jy dit by jou dra wanneer jy na ‘n ander kamer beweeg in die huis, en om seker te maak dat jou handsak groot genoeg is om jou organiseerder te laat inpas.

Daar is organiseerders wat eintlik in my beursie of handsak pas. Vandat ek begin reis het, het ek gevind dat ek my lewe vereenvoudig het en nou dra ek net my handsak vir bank notas, munte, en krediet kaarte. As ek die huis verlaat, is dit gewoonlik vir ‘n kort tydperke, en as dit vir langer periodes is, is ek geneig om my skootrekenaar werk toe te dra so dan het ek my organiseerder by my.

Nog ‘n punt: wat nou werk, of wat toe gewerk het, mag dalk gedraai word soos wat jou lewe en benodighede verandering nodig het.

Nog ‘n puik wenk is om seker te maak dat jy ‘n *potlood* gebruik in plaas van die pen wat dalk saam die organiseerder kom. Dit gaan ook vir ‘n afspraak boek of ‘n muur kalender. Gebruik ‘n potlood wat dit makliker sal maak om dinge te skuif of te verander soos wat okkasies verander, nie net dag-tot-dag nie, maar somtyds oomblik-na-oomblik!

Met ‘n organiseerder (wat ek dra of een wat op my rekenaar is), vind ek dat ek in staat is om baie meer te bereik as wat ek kon sonder een en met baie minder stres! Hier is sommige van die dinge wat ek in my organiseerder hou wat my help om organiseerd en op skedule te bly.

Telefoon nommers: Reg, die was eens op 'n tyd een van my beste wenke, maar nou, met die wydgespreide gebruik van selfone en ons SPOED skakel funksie is meeste hiervan verouderd. So laat my jou net 'n paar voorstelle gee.

Maak seker dat jy jou spoed skakel funksie vir besighede wat jy gereeld besoeke gebruik en spesiaal vir jou dokters en tandartse (ek hou daarvan dat ek dit reg in my hand het wanneer ek vorms invul). Sleutel die nommer vir jou bank, poskantoor, biblioteek, en jou gunsteling wegneem-plek in. Die afglyding met selfone is is dat ek die ure in my organisator gehad het wanneer hierdie plekke oop was. Miskien is daar 'n manier op my selfoon, maar ek is nie so selfoon kundig nie.

Kalender: Gebruik die "maandelikse" kalender in jou organisator as jy gewoonlik 'n minimale getal afsprake het (drie tot vier afsprake of praktyke per week). Of gebruik die "week in 'n blik" as jy 'n redelike besige persoon is (meer as een afspraak per dag). As jy die heel dag besig is, sal jy 'n daaglikse kalender wil gebruik of net 'n daaglikse kalender vir daardie dae wanneer jy baie takies of afsprake beplan. Ek hou ook van uurlike lyste om lyste te maak.

Ek is 'stickie" soort van persoon; daarom, lyk dit asof hulle orals weggestop is sodat ek net dinge kan noteer wanneer dit nodig is. My metode is om hulle te bring en op my rekenaar te plak en na my rekenaar toe oor te plaas wanneer ek op my rekenaar werk. Ek gebruik hulle ook wanneer ek my kort reis takies verrig. Die manier om dit te doen is om alles waaraan jy kan dink neer te skryf, in geen spesifieke orde nie. Skryf net elke stop neer op 'n stickie, en *nommer dan die stickies* in die orde wat jy nodig het of wil gaan. Dan plak ek dit op die paneelbord van my motor.

Nog ‘n hulpvolle wenk is om die gewoonte aan te kweek om te “skeduleer” wanneer jy die huis gaan ***verlaat*** versus die afspraak tyd. Maak net seker dat jy neerskryf “vertrek 9 uur,” sodat jy ‘n half uur vroeër daar kan kom. Ook, skeduleer die tyd wat jy gaan gereed maak en die tyd wat jy gaan eet (ontbyt, middagete, of aandete). As jy ‘n persoon is wat altyd laat is, verander hierdie karktaker gebrek deur jou tyd te monitor. Laat 30 minute, eerder as 15-minute toe.

Iemand wat altyd laat is het nie ‘n probleem om ‘n disorganiseerde persoon te wees nie; hy of sy het ook ‘n probleem met trots. Wat jy impliseer deur jou laat aankoms is dat jou tyd meer kosbaar is as die persoon wie jy forseer om vir jou te wag eke keer wat jy laat is. Of dit ‘n afspraak is, ‘n middagete afspraak, of by die kerk—neem tyd om jou lewe te herdefinieer deur genoeg tyd toe te laat om gereed te maak en om êrens op tyd te kom.

Deur vooruit, eerder as agter te wees, verander eenvoudig die manier waarop jy dinge beplan. Dit beteken geen verskonings nie. My moeder, seën haar hart, was dikwels laat met twee ure! Haar verskoning was haar 7 kinders; alhoewel, ek ook 7 kinders gehad het en was daar deur my eks-man om vroeg te wees. As hy gesê het ons verlaat 7:30 VM het dit beteken dat ons 7:15 VM uit die inrit ry. Ons sou meer as ‘n half uur vroeg by die kerk arriveer en wag. En my eks-man het ook nie geglo dat hy nodig gehad het om die kinders reg of in die kar te kry nie. Dames, ek moes regtig die Here nastreef vir Sy hulp sodat ek nie ‘n doring in my man se vlees was nie en so moet jy. Selfs al is jy nie getroud nie, die kinders of jou baas of jou vriendin, wie ookal dit mag wees, hulle wil weet dat jy genoeg oor hulle omgee om op tyd te wees.

Hier is ‘n lys van sommige ander informasie wat jy in jou organisator mag gebruik:

Kinder Afdeling: Skryf die groottes van klere en skoene, huidige lengte en gewig, Identitieits nommers, spaarrekening nommers, geboorte datums, bloed groepe, en allergies langs jou kinders se name neer. En gebruik altyd 'n potlood! Opdateer die informasie periodies wanneer jy vind dat jou kind se grootte of gewig verander het. Jy kan onthou om lengte en gewig gereld na te gaan deur 'n groen (of maandelikse) 3x5 kaart te gebruik, waaroor ons in die volgende hoofstuk sal praat.

Jy mag dink dat jy dit alles in jou kop kan onthou, aangesien jy net 'n paar kinders het. Jy mag dalk in staat wees, maar wat as, die hemel ons bewaar, jy ongeskik is of jy onverwags sterf. Hierdie informasie (en die metode) sal vir jou man en/of familielede soos jou moeder of skoonmoeder van onskatbare waarde wees. Maak seker dat die mense na aan jou weet dat jy hierdie soort data handig byhou.

Die gewig is spesiaal hulpvol met medisynes. Alhoewel ons basies *nooit* ooit na die dokter toe gaan nie, hou ek nog steeds daarvan om die informasie handig te hou. Jy kan dit ook in jou geheue boks gebruik deur 'n nuwe kaart te maak elke keer wat jy dit opdateer (weer, besonderhede is in die volgende hoofstuk). Onthou net om dit te dateer sodat jy kan onthou toe jou kinders soveel geweeg het.

Vir my man, toe ek getroud was, het ek agter op 'n helder gekleurde besigheids kaart my kinders se name, geboorte datums, en Identitieitsnommers geskryf sodat hy my nie hoef te gevra het wanneer hy papierwerk moes invul nie. Hy het dit vir jare in sy beursie gehou—my kinders het nou net vir my gesê hy het dit nog steeds!

Man se afdeling: As jy getroud is, moet nie vergeet om jou man se klere en skoen grootes, Identiteits nommers, spaar en tjek nommers, sy mede werkers se telefoon nommers, ens neer te skryf nie. Weer, dit is nie net van onskatbare waarde in 'n noodgeval nie, maar dit is ook handig wanneer jy klere op winskopie koop of as jou skoonma iets vir jou man vir sy verjaardag of vir Kersfees wil koop.

Adresse: Wanneer jy die adres seksie van jou organisator gebruik, skryf weereens, altyd die adresse in potlood omdat ons samelewing een is wat baie trek. As jy 'n swak geheue het, kan jy op die spoor bly van 'n geskenk, vir instansie wanneer dit onder elke naam ontvang is (met die datum) en wanneer die "dankie" uitgepos was. Ek het begin om dit te doen omdat my skoonma sou vra of ek iets gekry het van iemand wie ek regtig nie ken nie, en sy sou vra of ek hulle bedank het, maar aangesien dit die name was van mense wat ek nie geken het nie, kon ek nie onthou nie. So nadat ek gebid het, was die oplossing om die informasie te hou sodat ek dit kon nasien en verifieer dat ek dit inderdaad ontvang het en dat 'n dankie kaartjie gestuur was.

Maak ook 'n nota van Kersfees Kaartjies (KK'07) ontvang en die datum wat dit uitgepos is vir dieselfde rede. Wanneer ek my Kersfees kaartjies kry, hou ek die koeverte in 'n geskenk sakkie om na te sien en my adres boek op te dateer (wat ek nou op my rekenaar hou) sodra die vakansie stormloop verby is.

Gebeds lys. Teken die datum en die aansoek aan, en los spasie vir die antwoord op gebed. Vind jy dat baie mense jou vra om vir hulle te bid, en jy sê jy sal, maar misluk om jou woord te hou? Dit is 'n plek om die aansoek neer te skryf sodat ons vroue van ons woord kan wees.

As dit 'n lang-termyn aansoek is, maak 'n 3x5 kaart en voeg dit by die stapels vir wie ons bid gedurende ons familie gebede vergadering elke oggend. Ons het 'n spesifieke *Bid vir Ander* stapel wat, **Loof die Here**, nog nooit ontgeantwoord gegaan het nie. As dit 'n *Gebed vir Redding* is, plaas ons dit in daardie stapel van gebed kaarte en ons sluit dikwels 'n foto in as ons een het. Meeste sendelinge het kaarte met hulle foto wat ons altyd gebruik en by die *Bid vir Sendelinge* stapel voeg.

Toe my suster se dogter uit Japan by ons gebly het en sy wonderbaarlik gered is, was dit pret om vir haar die foto van haar en haar familie wat ons vir jare gebruik het om elke dag vir te bid te wys. Sy was 'n jong kleuter en ek het haar vasgehou. Gebed werk, en ook hierdie kaarte, as metode om getrou te bid.

Nietemin, aangesien ek gevra word om te bid vir dinge, moet ek dit gerou in my organisator neerskryf en dan getrou elke oggend vir die aansoek bid.

Gebeds wenk. Wanneer ek genader word met "sal jy oor iets bid . . ." het ek hulle hande begin saamvat (tensy dit 'n man was) en daar en dan gebid! Ek het opgehou om om te gee oor wat mense dink of waar ek was. Ek het net gedink, "Hoekom wag om te bid?" Wat snaaks is is dat meeste van die mense wat altyd ager my aangehardloop het om te bid oor iets, opgehou het. Somtyds glo ek dat Christene daarvan hou om ander mense te kry om vir hulle te bid eerder as wat hulle vir hulleself bid, of dikwels, is dit 'n vorm van kla oor wat hulle deurgaan.

Ek hou regtig daarvan om te bid en vind dit 'n voorreg om so te doen; nietemin, sonder 'n goeie metode in plek, soos om daar en dan vir hulle te bid, deur dit by my lys in my organisator te voeg en dan by die 3x5 kaarte waaroor ons in die oggend bid te voeg, het dit 'n las eerder as 'n voorreg geword. Ek hoop een of al hierdie meodes sal jou help om die metode te vind wat vir jou werk!

Leer die geheim van vooraf-beplanning. Maak jou "**dinge om te doen**" vir die volgende dag, die aand vantevore uit! Gebruik jou organisator as 'n dagboek van dinge om te onthou, sowel as wat jy *moet doen*. So dikwels, vernaam soos wat ek ouer word, vergeet ek of ek iets gedoen het of nie. As ek versigtig is om my te-doen lys in my organisator te skryf en dit af te tik soos wat ek gaan, dan kan ek daarna verwys as my geheue my in die steek laat. Dit is spesiaal helpvol as jou man jou gevra het om iets te doen! En maak seker jy plaas sy versoek as top prioriteit.

Deur jou te doen lys die aand vantevore te maak sal:

- Jou help om een stap voor te wees.
- Jou help om beter te slaap.
- Jou help om te onthou as jy alreeds iets gedoen het.
- En, as jy getroud is, sal dit jou help om 'n beter vrou te wees as jy jou man se versoeke **bo** aan jou lys plaas en jy hulle met "prioriteit" behandel!

Die Korrekte Manier om 'n Lys te Maak

Die korrekte manier om 'n lys te maak is eenvoudig en dit werk! Meeste mense probeer om 'n lys te maak in die orde van wat hulle eerste moet doen. Tog met enige soort skrif (en dank God vir rekenaars), die manier om 'n boek of 'n lys te skryf is om dit uit jou kop te kry en dit op papier neer te skryf, en dan om dit te organiseer.

Probeer dit: wanneer jy die aand vantevore 'n lys maak, of enige tyd wat jy 'n kort reis maak, skryf alles waaraan jy dink neer *soos wat jy daaraan dink*. Dan wanneer jou lys gemaak is, nommer hulle volgens belangrikheid (onthou, dat as jy getroud is, maak seker dat jy jou man se versoek(e) eerste doen!

As jy 'n lys van kort ritte het om te doen, nadat jy oral waar jy moet gaan neergeskryf het, gaan terug en kyk deur die lys vir jou eerste stop. Dit kan die naaste plek of die een wat die verste weg is wees, en werk jou pad terug huis toe. Toe ek getroud was het ek dit vir my man geleer (nie deur te leer nie, maar deur voorbeelde soos wat ek lyste vir hom gemaak het) en ook vir my kinders, wie ek wel leer!

As jy ‘n padkaart het, mag dit help om op hierdie manier vir ‘n roete te soek, spesiaal as jy nie ‘n goeie sin vir rigting het nie. Ek het ‘n padkaart in my verstand (alhoewel ek, ongelukkig, geen sin vir tyd het nie!) en deur na ‘n padkaart te kyk het dit my gehelp om die kortste roete na ‘n plek te vind. Ek het gevind dat die roete wat ek normaalweg neem duidelik langer was as wat die padkaart gewys het. Deur met ‘n padkaart te werk is ook ‘n wonderlike ding om jou kinders te leer, of jy hulle tuisskool of nie.

As enige van jou stil hou plekke afsprake het vir ‘n spesifieke tyd, dan skryf ek die tyd, eerder as die nommer, langs dit neer. Dan, probeer ek my pad na daardie deel van die dorp navigeer om die afspraak tyd na te kom (plaas ‘n ekstra twintig of dertig minute opsy in geval ek vasgevang word in die verkeer of ek ‘n stadige kassier kry in ‘n vorige stop).

Tensy ek minder as drie stilhou plekke het, sodra ons in die kar klim, skryf ek elke stilhouplek wat ons maak in die orde wat ek onthou neer op ‘n klein gadget wat aan die voorste venster van jou motor plak. Jy kan hierdie klein juweeltjies in die motor seksie van Wall Mart kry. Dit het ‘n skryfblok en ‘n pen met ‘n vassuig meganisme om dit aan jou voorruit te laat vassit. Al ons motors het hulle. Onlangs het ek begin om plakkertjies te gebruik en dit werk selfs beter!

Sodra ek elke stilhouplek gelys het, nommer ek hulle volgens die eerste tot die laaste. Toe ek getroud was, was my man lief vir hierdie metode, omdat hy gewoonlik die een was wat bestuur het. Ek was ook lief daarvoor omdat ek hom nie wou vertel waarheen ons volgende gegaan het nie! Ek hou nooit daarvan om te hoor dat vrouens hulle mans vertel wat om te doen nie. Dit maak van ‘n baasspelerige vrou en ‘n vrou wat op ‘n man se kop sit, ‘n bitter man—ook nie ‘n goeie voorbeeld vir my dogters nie!

Probeer hierdie metode vir jouself, en moet nie vergeet om dit vir jou kinders te leer nie.

Hoofstuk 7

Maak die Meeste van

Die Regte Metode

Die Taak op Hande

Laat ons, ons doen en late deeglik
ondersoek en ons tot die
HERE bekeer
—Klaag. 3:40

Meeste vrouens het geen regte plan om hulle huise skoon en ordelik te hou nie. Hulle sien eenvoudig 'n probleem; dan uiteindelik, kom hulle daarby uit om iets daaromtrent te doen (en somtyds doen hulle nooit nie)! Tog, het vrouens uit die verlede 'n baie organiseerde manier om hulle huise skoon en in goeie orde te hou gehad. Dit was iets wat hulle as jong dame geleer het.

Die Metode: Taak/Werks Kaarte

Toe ek pasgetroud was, het ek geen idee gehad hoe om 'n roetine te hê om al die take van skoonmaak, wasgoed, kook, inkopies, strykwerk, ens. in my dag, week, en maand te inkorporeer nie. Ek was nog nooit opgelei of het dit waargeneem nie, soos wat ek dit vroeg in die boek genoem het nie.

Jy mag of mag nie in hierdie desperate toestand wees nie, maar baie min kan in vandag se dae 'n goeie huis bestuur nie (soos wat ek waargeneem het toe ek huise besoek het). Die metode kan jou of help om te doen wat jy nie in staat was om te doen, of jou na ‘n hoër vlak bring—alles deur net ‘n bietjie tyd te belê.

Voorraad: Om te begin, vergader hierdie items by ‘n voorraad winkel. Jy sal benodig:

1. Een pakkie wit, blou, geel, groen en pienk 3x5 kaarte elk.
2. A 3x5 kaart leêr.
3. 3 stelle verdelers:
   a. Nommers 1-31 (om elke dag van die maand te verteenwoordig).
   b. Maandelikse kaarte (Jan.-Des.).
   c. ‘n Eksta blank verdeler.
4. Groot papier knippies of wasgoed pennetjies.
5. Plastiese vertikale houer.

Wat jy gaan doen is om ‘n voortdurende “te doen lys” te vergader dat, sodra dit gemaak is, vir jare kan hou! Elke oggend, begin my kinders en ek ons dag deur ons veelkleurige 3x5 stapel kaarte wat saamgeklem is en in ‘n brief houer wag te vat. In die stapel is veelkleurige kaarte wat die frekwensie wat hulle gebruik word aandui. Byvoorbeeld, in ons huis gebruik ons blou vir iets wat elke dag gedoen word, geel vir iets wat weekliks, en groen vir iets wat maandeliks gedoen word.

Waarom is hierdie metode beter as ‘n aftik lys of ‘n taak bulletin bord?

Hierdie metodes mag werk, maar die metode wat ek gebruik het sedert 1982 is iets wat jy nie hoef oor en oor te skep nie. Nie net hou dit vir jare nie, dit is ook inskiklik. Werkies of take kan verskuif word van iets wat jy doen, na iets wat jou kind doen, en dan na ‘n jonger broer of suster aangegee word net deur ‘n voorletter op ‘n kaart te verander. Die metode is inskiklik aangesien dit vandag gedoen kan word, of gespaar tot die volgende week as jy of jou kind siek is of met vakansie. Ek glo 'n metode moet nie vir jou beheer nie, maar jy moet in staat wees om in beheer te wees van jou sisteem.

Dit kan maklik hersien word om 'n taak van daagliks na weekliks te doen, en dit het ook 'n maklike metode om op te volg om seker te maak die taak of werkie is gedoen. Aftik lyste kan werk, maar die nadeel is dat jy nuwes moet maak elke keer wat dit ingevul word of jy dit moet hersien.

So as jy gereed is, kom ons begin.

Om te Begin. Op die boonste wit kaart skryf jy eenvoudig elke persoon se naam met 'n herinnering om te bid om die dag te begin. Met klein kinders wie nie kan lees nie, het ek altyd 'n stokfiguurtjie van 'n klein seuntjie of dogtertjie op hulle knieë, kop gebuig, handjies gevou geteken. Net om 'n punt te bewys dat die kaartjies al vir jare werk, net verlede week het ek agter gekom dat my 13-jarige-seun en 11-jarige dogter nog steeds hulle biddende figuurtjies op hulle boonste kaart het!

Nadat elkeen gebid het, plaas hulle *daardie* kaart agter in hulle stapel kaartjies en gaan na die volgende kaart, wat dalk mag wees om die bed op te maak of 'n persoonlike higiëne taak (sien onder). My volgende kaart kan wees "Begin die Wasgoed," terwyl die kinders kan wees "Luister na Bybel Geheue Band terwyl jy jou bed opmaak,". As jou kind skool toe gaan, mag jy 'n kaart maak "Bring jou rugsak na die voordeur toe," gevolg deur "Eet ontbyt," en finaal, "Gaan na die skoolbus—verlaat die huis 7:45."

Die 3x5 kaarte is nie net vir werkies nie, maar inkorporeer alles wat jy vind wat jy jou kinders moet sê om te doen (of maak 'n lys vir jouself om te doen) op 'n daaglikse, weeklikse of maandelikse basis.

Om dit makliker te maak, is elke kaart met 'n gekodeerde kleur-, geel is 'n weeklikse taak, en groen is 'n maandelikse verpligting. Wit (hulle bid kaartjie) gaan bo en die pienk kaart is die laaste kaart wat sê, "Gedoen!" Die daaglikse doel of, nog beter, daaglikse *vereiste* elke dag is om deur elke taak te gaan, een vir een totdat al die kaartjies gedoen is en die pienk "gedoen kaart" is bo!

Jare gelede, het ons hierdie kaarte "werkie kaarte" genoem. Maar, as ek dit kon maak vasvat, sou ek hulle eerder "taak kaarte," noem aangesien die definisie van "werkie" is 'n *onaangename* taak. Ek sou eerder dat die dinge wat ons doen om by te dra by ons familie of om na onsself om te sien nie aan gedink word as *onaangenaam* nie.

So, hoe kry jy hierdie stapel kaarte? Eerstens, weereens, skep 'n boonste kaartjie met die persoon se naam op om te onthou om jou dag te begin met die hulp van die Here want "want *sonder My kan julle niks doen nie" (Johannes 15:5). "Ken Hom in alles wat jy doen en Hy sal jou die regte pad laat loop" (Spr. 3:6)*. Enige een van hierdie verse kan ook op 'n boonste kaart wees as 'n herinnering om wie om op te leun. Volgende, begin jy met take wat jy op 'n **daaglikse** basis doen.

Blou Kaarte is *Daaglikse* Kaarte

Soos wat jy elke dag deur jou roetine gaan, skryf elke taak wat jy doen neer: dit beteken enigiets wat jy op 'n daaglikse basis doen of jou kinders sê om te doen. Skryf elke taak op 'n aparte blou kaart. Alles wat jy op 'n daaglikse basis doen sal altyd op 'n blou kaart wees.

Sommige dinge wat ek doen (of wat jou kinders doen) is uit gewoonte; daarom, het jy nie nodig om 'n kaart te maak nie. Nietemin, ek skryf dit in elk geval dikwels neer sodat my kinders of ek ons kaarte kan organiseer om te leer hoe om hulle in 'n spesifieke orde te doen. Dit is behulpsaam wanneer my roetine onderbreek word. Ek kan maklik sien wat ek nodig het om volgende te doen deur na my kaarte te verwys. Sommige vind dat om 'n taak van 'n "te doen lys" af te tik is bemoedigend. Dieselfde verkwikkende gevoel is volbring wanneer jy die kaarte wat jy afgehandel het agter jou pienk gedoen kaart plaas!

Soos wat ek vroeër genoem het, ek het begin om hierdie sisteem vir myself (toe my kinders nog kleuters was) te gebruik sodat ek 'n soort van metode kon hê (sonder om daaglikse te doen lyste of grafieke wat verander of oorgedoen moet word te maak), om my te help om met my huishoudelike pligte by te bly. Dit was toe my kinders oud genoeg geword het (omtrent 5-jaar-oud), wat ek begin het om die 3x5 kaart metode met hulle te gebruik sodat ek nie hoef aan te hou om hulle dieselfde dinge oor en oor te vertel nie.

Hierdie 3x5 kaart metode gaan voort om my vry te maak om nie my tyd te spandeer om my kinders te kry om te doen wat hulle nodig het om te doen nie. Hierdie vrye tyd word volbring deur nie harder nie, maar slimmer en meer effektief te werk, eerder as met meer inspanning. Dit beteken jy kan meer doen in minder tyd. Met die ekstra tyd kan jy meer by jou lewe voeg, of dit is om meer tyd te hê om niks te doen nie—tyd maak om te ontspan. Deur op te volg en na te sien of die pienk "gedoen" kaart op is, ek volg ook op om seker te maak wat ek my kinders gevra het om te doen is gedoen.

Maak Jou Kaarte

Ek is die soort persoon wat lief is daarvoor om lyste te maak en goed te organiseer. Nadat ek met baie groepe gepraat het oor my 3x5 sisteem het van die brawe siele vir my gesê hulle kan net nie hierdie soort ding doen nie. So ek moes vir God vra om my te help om hierdie metode te skep vir almal om te gebruik.

Wel, God is altyd so getrou! Gou was ek net te besig met ministering om net "te sit" en aan iets te dink. Dit is toe dat die Here vir my die maklikste manier gewys het om die kaarte te maak!!

Ek het gevind dat die maklikste manier om kaarte te maak is om dit te maak soos jy gaan. Elke keer wat jy iets doen wat jy nodig het om te doen, of vir jou kinders sê om te doen, gryp 'n kaart en skryf die taak daarop.

1. Besluit ***hoe dikwels*** die taak gedoen moet word: daagliks, weekliks, of maandeliks. Skryf die taak op 'n blou kaart vir iets wat jy daagliks doen, geel as dit weekliks en groen as jy dit maandeliks doen.

2. As jy kinders het, stel vas wie die taak kan doen. Begin met die jongste persoon in die familie en werk jou pad op; dan, skryf hulle voorletter of naam in die boonste ***regterkantse*** hoek van die kaart.

3. Stel vas ***wanneer*** of watter dag van die week of maand dit gedoen moet word, en skryf dit in die boonste ***linkerkantste*** hoek van die kaart.

Kom ons word meer spesifiek wanneer ons 'n taak kaart uitmaak. Op elke kaart:

Skryf die persoon se voorletter in die boonste regterkantse hoek. Ek het twee name wat met die letter "T' begin. So die ouer een kry 'n hoofletter "T" en die jonger 'n klein letter "t. "(As al die name met dieselfde letters begin, gee elke kind 'n nommer in ooreenstemming met hulle geboorte orde.) My jongste dogter het 'n naam wat begin met "M," so my "Ma" kaarte word in kursief geskryf en my dogter sin met 'n gedrukte "M."

Blou *daaglikse* kaarte word altyd in die papierknyper of wasgoedpennetjie gehou. Die ander gekleurde kaarte (geel en groen sal ons later oor gaan) gaan in en uit die groep kaarte, maar die blou daaglikse kaarte bly altyd in die groep.

Hoe om te bestem wie die werk sal doen: Ek besluit wie die jongste kind is wat in staat is om die werk te doen. (Begin altyd onder, die jongste kind beskikbaar, en werk op.) Meeste moeders begin bo en brand die oudste kind uit. En as hulle trou sal hulle dikwels verkies om 'n paar of geen kinders te hê nie. Take in ons huis begin by omtrent vier of vyf-jaar-oud. Voor daardie ouderdom, spandeer jy vêr meer energie om hulle te kry om dit te doen en behoorlik te doen.

Soos jy jou pad op werk van die jongste na die oudste kind, sal jy agter gelaat word met die take wat niemand anders in staat is om te doen nie. Ter aanvulling, jy sal die aanvanklike afrigter wees en dikwels die taak toesigter (om seker te maak die werk word gedoen en behoorlik gedoen). Moet nie van jou kinders verwag om hulle werk te doen of goed te doen as jy nie opvolg nie.

Dit is ook die prag van hierdie sisteem. Elke dag, moet jy daardie dag se kaarte in hulle stapel plaas wanneer jy agter kom die pienk kaart is bo. Dit sê vir jou of hulle die taak gedoen het of nie. Dan in die begin, en periodies, moet jy kyk om seker te maak dat hulle die taak voldoende gedoen het. Die kind mag meer opleiding nodig hê. Dit mag wees dat hulle te jonk is om die werk te behartig, en dit moet opgeskuif word na 'n ouer kind of na jou toe.

Een van die mees gevraagde vrae oor my sisteem is tot betrekking met werkies verander. My kinders hou hulle werkies vir jare! Die enigste tyd wat hulle ontslae raak van 'n werkie is wanneer ek sien ek kan iets wat **ek doen** aan een van my kinders delegeer. Wanneer ek my werkie oorgee, dan gee ek een van hulle werkies oor en so aan. Wanneer 'n jonger kind oud genoeg is vir meer verantwoordelikheid, kyk ek na die volgende kind op, neem van hulle makliker werkies en werk my pad weer op na my toe!

Wanneer 'n werkie oorgegee word van een broer/suster na die volgende, leer die ouer kind die jonger kind hoe om dit behoorlik te doen. Die aansporing om die jonger broer/suster goed op te lei is dat die werk nie terugkom na hulle toe nie! Dikwels, gaan ek myself oor die werk net om seker te maak dat dit behoorlik gedoen word.

Nou, met 'n puik sisteem soos dit wat regtig werk, kan jy sien waarom ek myself geen regte werkies het nie (en waarom ek wel glo dat kinders 'n seën is)! As moeders hulle kinders opgelei het soos wat hulle moet, sal jy definitief meer groot families sien. Nietemin, meeste families hou hulle kinders as laste en nie bates nie. Hulle verskaf hulle met buitemuurse aktiwiteite, en wag op hulle asof hulle, hulle bediendes is. Die kinders is nie gelukkig nie, maar het 'n "houding" en hulle is misluk. Dit dra oor in hulle huwelike ('n huwelik wat minder as 'n jaar hou), en dan is hulle weer by die huis. Moeders, neem die tyd om julle kinders op te lei—almal sal gelukkiger wees omdat jy dit gedoen het!

Blou Kaarte is *Daaglikse* Kaarte

Meer as een keer per week en minder as daagliks. Wanneer jy iets het wat twee keer per week, soos Dinsdae en Donderdae, gedoen moet word, gebruik 'n ***blou* kaart** en sit "Dins & Don" in die *boonste linkerkantste* hoek. As dit drie keer per week soos Maandag, Woensdag, en Vrydag gedoen moet word, skryf dan "M, W, F" in die boonste linkerkantste hoek van die kaart. Wanneer dit elke weeksdag gedoen moet word skryf ek "M-F" in die *boonste linkerkantse* hoek, ek hou daarvan om 'n potlood te gebruik wanneer ek die dag kies en selfs die kind, aangesien dit dikwels verander moet word.

Ek ruil werk om wanneer dit nie behoorlik gedoen is nie. Jy mag dalk dink dat n kind bekwaam is vir 'n taak, maar selfs na opleiding word dit nie voldoende gedoen nie. Natuurlik, wanneer jy met kinders werk moet jy jou verwagtinge bietjie verlaag. Maar dit is beter as hulle help (of miskien terugkom om dit 'n bietjie beter te doen) as om die opleiding van jou kinders af te skeep.

Voorbeelde van Kaarte

sal 'n blou kaart wees aangesien dit elke dag gedoen word. Nietemin, as jy of jou kind opgelei is om uit die bed te klim en die bed op te maak, sal hy, sy, of jy nie 'n kaart nodig hê vir hierdie taak nie. Nietemin, aangesien baie huise onopgemaakte beddens, dag na dag het, is dit heel waarskynlik 'n kaart wat jy in jou kaarte wil byvoeg.

Persoonlike higiëne is nog 'n daaglikse taak wat dikwels deur kinders afgeskeep word. Ongelukkig, word dit dikwels deur baie moeders wat geseën is om by die huis te bly afgeskeep. Daarom, sal persoonlike higiëne 'n 3x5 kaart wees wat jy by jou daaglikse blou kaarte sal wil voeg. Laat my van die onderwerp van organisasie gaan en op jou voorkoms fokus. Baie breek hulle huise onwetend af met die tekort aan sorg in hulle voorkoms. Mans verlaat die huis en word dikwels ontmoet deur vrouens by die werk wat gestort het, hulle grimering aangesit het, en mooi klere aan het, nie 'n kamerjas nie.

Waarom is ons dan geskok wanneer ons mans een dag huis toe kom en vir ons sê dat hulle iemand anders gevind het—9 uit 10 keer is dit in die werkplek. Vir die van julle wie se mans nie saam mooi vrouens werk nie, hulle is oral wanneer jou man die huis verlaat: waar hy sy middagete eet, die buurvrou, of jou beste vriendin. Hierdie vrouens lyk en ruik nie net beter as jy wanneer hy die huis verlaat nie, maar hulle is ook baie aangenaam. Hulle luister na jou man se frustrasie, wat dikwels oor jou gaan, en sy simpatiseer. Sy mag dalk luister en sy drome deel, soos jy voor julle getroud is. Maar, op een stadium het jy vanaf jou huwelik, jou entoesiasme vir kritiek verruil en kraak jy jou man af.

Liewe vrou en/of moeder, kry jouself in 'n roetine om jou beste te lyk voor jou man die huis verlaat. As jou man nie nou in die huis is nie, begin om in hierdie roetine te kom, en ek waarborg jou God sal hom bring om jou goed uit te kyk. Nietemin, skoonheid is net vel diep. "Uiterlike **skoonheid** hou nie, 'n mooi **voorkoms** is nie alles nie; as sy die HERE dien, dán verdien 'n vrou om geprys te word" (Spr. 31:30). So voordat jy fokus om skoon te maak en die buitekant mooi te maak, mag jy dalk 'n *Wyse Vrou* kry en aan die binnekant begin. (Die werkboeke is VERNIET beskikbaar op ons webwerf).

Nou terug na ons *daaglikse* organisasie. Gelys op hierdie blou kaart vir persoonlike higiëne mag jy dalk lys wat jou kind moet doen, soos:

1. Trek aan.
2. Maak jou hare reg.
3. Borsel jou tande.
4. Sit reukwater aan vir tieners en voor-tieners. (Sien hoofstuk 15 vir 'n puik, nie-giftige reukwater oplossing.)
5. En sluit miskien af met: "Maak jou bed op" eerder as om 'n aparte kaart te hê.

Basies, sal jy 'n kaart maak vir elke taak wat jy normaalweg elke oggend vir jou kinders sal sê om te doen, of 'n kaart vir jou wat jy in jou oggend roetine moet byvoeg (sodat jy jou tyd beter kan organiseer of om jou plek te vind wanneer jy onderbreek word).

As jy n vrou of moeder is wat buite die huis werk, sal jy vind dat deur die kaarte te gebruik (en jou kinders op te lei om hulle te gebruik om in die oggend gereed te maak), sal baie minder gaos en stres wees. Jou werk sal wees eers om jouself op te lei om hulle te gebruik, en by te voeg soos wat jy sien jy doen iets sodat jy nie vergeet nie, of iets nuuts byvoeg met die tyd wat jy spaar deur meer effektief te werk. Selfs 'n kaart om op die kinders te gaan nasien, of om hulle op 'n sekere tyd op te kry (alhoewel ek in 'n wekker glo vir die kinders as jy voortdurend in 'n tyd krisis is) sal jou tyd spaar en help om jou oggend meer glad te laat verloop.

Aangesien ek meeste van die huishoudelike verantwoordelikhede aan my kinders delegeer het (alhoewel ek hulle almal myself gedoen het voor ek kinders gehad het en ook toe my kinders te jonk was om te help), toe ek probeer het om vir jou voorbeelde te gee van wat ek elke dag doen om jou te help begin om jou kaarte te maak, het ek gevind dat ek niks gehad het om deel nie!

Vrouens sê dikwels vir my dat as hulle so baie helpers as ek gehad het sou hulle in staat wees om hulle werk gedoen te kry. Nie regtig nie. Dit verg van jou om organiseerd te wees, en die werk jouself te doen voordat jy kan verwag om op te skuif na bestuur. Dit was nie totdat ek vier klein kinders onder voete gehad het dat ek selfs in staat was om te begin om enigiets te delegeer nie! En wanneer jy kinders leer, neem dit regtig meer inspanning en meer tyd in die begin (wat die rede is hoekom party moeders nie moeite wil doen nie). Nietemin, jou tyd, poging, en geduld sal groot voordele saai vir die toekoms. Ek sê grappig (maar eerlik) dat ek kan sterf en my huis sal nog steeds glad verloop as gevolg van hierdie sisteem.

Alhoewel ek nie gesterf het nie, was ek in staat om die afgelope jaar drie keer dwarsoor die wêreld te reis —die langste was 'n vyf-week toer. Ek hoef niks te gedoen het nie, nie een ding, om my huis en my kinders gereed te kry vir my om hulle te los nie. Die huis was nie presies soos wat dit was wanneer ek daar is nie, maar my eks-man het besoek afgelê en gesê dat dit was! Elke een van ons sien dinge wat niemand anders sien nie, maar wanneer jy 'n eks-man kan flous, dan verloop dinge goed af!

Wanneer jy 'n taak ontdek wat nie daagliks gedoen hoef te word nie, dan sal jy weeklikse kaarte begin maak, wat geel is.

Geel Kaarte is *Weeklikse* Take

Soos jy deur jou daaglikse roetine gaan, sal jy vind dat sommige dinge nie daagliks gedoen hoef te word nie; daarom, sal jy hulle op 'n weeklikse basis doen. Skryf elke *weeklikse* taak op 'n aparte *geel* kaart. By voorbeeld, "Stof die kombuis hortjiesblindings" sal 'n geel kaart wees as jy dit een keer per week doen.

Soos wat jy begin om jou huis te organiseer en jou kinders is opgelei om te doen wat jy rond gegaan het en vir hulle oor en oor gesê het om te doen sal jy dan begin om ander dinge te sien wat gedoen behoort te word, maar net nie so dikwels nie. Dit mag begin as 'n daaglikse blou kaart, maar jy sal vind dat aangesien dit in stand gehou is, deur dit net 'n paar keer 'n week te doen is genoeg.

Vroeër het ek genoem dat deur 'n blou kaart te gebruik met M-W-F *of Dins* & Don, wanneer die taak twee tot drie keer per week behoort gedoen te word. Die is die eerste stap om die werkie te wysig om minder dikwels gedoen te word. Die ander variasie is om 'n geel kaart met net "Maan." in die boonste linkerkantste hoek, dan nog een vir "Don." vir instansie te gebruik. Doen wat werk met jou kinders en/of sin maak vir jou.

Aangesien die geel kaarte nie elke dag gebruik word nie, maar weekliks, word hulle aan die einde van die dag verwyder en die volgende week in dieselfde dag geplaas. Vir instansie, vandag is Woensdag die 16de, so aan die einde van Woensdag, sal ek 'n geel kaart van onder elke "gedoen" kaart trek, en dit in my kaart leêr vir volgende Woensdag reg voor die 23ste sit.

Elke dag wanneer ek die familie se kaarte gereed kry, trek ek die weeklikse geel kaarte en groen maandelikse kaarte. Ek sit hulle terug in die 3x5 kaart lêer. Net die blou kaarte bly in die groep.

Vir daardie take wat net maandeliks gedoen moet word, sal jy groen 3x5 kaarte gebruik.

Groen Kaarte en *Maandelikse* Take

Wanneer jy deur jou daaglikse en weeklikse roetine gaan en dinge meer organiseerd word, sal jy begin dinge sien wat gedoen moet word maar daagliks en weekliks is te dikwels; daarom, sal jy hierdie soort taak op 'n groen maandelikse kaart skryf.

'n Goeie voorbeeld is om bo-op jou yskas skoon te maak. Ewe skielik kom jy agter dat dit 'n gemors is, so aangesien dit vir maande al so is, 'n groen een-keer-'n-maand kaart sal perfek wees. So ek besluit wie dit sal doen, hulle kry om dit te doen, en dan 'n kaart vir daardie dag te maak. Vir instansie, as dit die 20ste is dan sal dit in die boonste linkerkantste hoek van die groen kaart gaan.

Nog 'n voorbeeld mag wees 'n verander-die-lakens groen kaart. Alhoewel sommige families wat ek ken die lakens weekliks was, is daar baie huise waar dit een keer per maand gedoen word.

As jy baie beddens het soos ek probeer om die was van lakens oor 'n maand te spasieer, doen een kamer op 'n slag, en doen dit op 'n nie-wasdag. (Ek sal meer verduidelik oor maniere om jou wasgoed te organiseer en vereenvoudig in Hoofstuk 13: "My Beste Wasgoed Wenke.")

Om daardie kamer te herinner, het ek 'n fluoresserende 3x5 kaart met die instrukies "Verander Jou Lakens" en dit in my vyfde kind se kaarte geplaas die dag voordat ek die lakens was.

Tara plaas dan daardie fluoresserende kaart in daardie persoon se kamer voor hulle wekker. In die oggend, maak (ek) of daardie kind nie die bed op nie, maar stroop die bed en sit skoon lakens op.

Ek hou 'n tweede stel lakens in 'n deurskynende zipper sak (die waarin lakens, komberse en gestikte komberse inkom). Nadat die bed opgemaak is, word die vuil lakens en *die* fluoresserende kaart in die deurskynende sak geplaas is en na die waskamer toe gebring. Wanneer die lakens gewas is, word hulle in die deurskynende sak geplaas en in daardie kind se kas gesit, en ek sit die fluoresserende kaart in dieselfde dag van die maand (Vir instansie, as vandag die 10de is, dan sal ek dit voor die 10de sit om in een maand op te kom).

Om My 3x5 Kaart Sisteem Op Te Som

Die dag van die week word altyd in die boonste linkerkantste hoek geskryf. Skryf die dag wat die taak gedoen moet word op die blou daaglikse, geel weeklikse, of groen maandelikse kaart.

Etikette: Om op elke kaart watter kind, watter dag, en enige ander spesifikasie aan te wys, offer ek die volgende voorstelle:

Bou kaarte: Op 'n blou daaglikse kaart mag jy die taak op M-F, of net Maan, Woens., Vry., of net Dins. & Don. gedoen wil hê. Skryf dit in die boonste linkerkantste hoek.

Geel kaarte: Op jou geel weeklikse kaart, sal jy enige weeklikse taak hê. Skryf Maan., Dins., of Woens. Skryf dit in die boonste linkerkantste hoek en hou dit in die 3x5 kaar leêr vouer in die volgende Maan., Dins., of wat ook al dag van die week daardie werkie die volgende week gedoen sou word.

Groen kaarte: op 'n groen maandelikse kaart, sou jy die dag van die maand soos die 1ste, 15de of 24, ens., skryf. Skryf dit in die boonste linkerkantste hoek en hou dit in die 3x5 houer in die dag van die maand: die 1ste, 15de, 24ste, of wat ook al dag van die maand daardie werkie volgende maand gedoen sal word.

Weereens: Begin deur te dink wat jy vir jou kinders elke oggend oor en oor sê, begin van wanneer hulle wakker word. Skryf wat jy gewoonlik oor en oor sê op 'n blou kaart. As jy 'n werkie lys het wat jy gebruik het, skryf elke taak op 'n blou daaglikse kaart.

Byvoorbeeld: Maak jou bed op en ruim jou kamer op sal sekerlik op 'n blou daaglikse kaart wees. Skrop die toilet of skrop die opwasbak sou moontlik op 'n geel weeklikse kaart wees. Vee bo-op die yskas af of maak die rommel laai leeg sou moontlik op 'n groen maandelikse kaart wees.

Wees spesifiek: Jy kan die verduideliking van hoe 'n taak gedoen moet word; b.v. onder "trek aan," skryf, jy kan skryf "maak seker by Ma oor wat om aan te trek" (as dit 'n probleem is wat jy met 'n spesifieke kind het).

Kan nog nie lees nie? As jou kinders te jonk is om te lees, kan jy eenvoudig stok figure teken en die taak uitwys of prente uit 'n tydskrif knip.

Kan jy wat jy doen in meer diepte verduidelik?

Vir weeklikse werkies, breek ek hulle af in maklike werk. In plaas van Dinsdag—maak die badkamers skoon; skryf "Maan— John maak die wasbakke skoon." "Dins—Bob maak die toilette skoon (aangesien hy die ou is wat altyd uitmis)," "Woens.—Tom skrop die bad (en doen dit na jy gestort het en terwyl jy daar in is en nog nat)," en "Don.—Cindy en Sue doen die badkamer vloere (die ouer een was, die jonger een droog af), en Julie maak die spieëls skoon (sy is gewoonlik die een wat in hulle kyk in elke geval)."

Deel hierdie werk onder jou kinders uit afhangende van hulle ouderdom en vermoë. Deel hulle op om die werk oor die weeksdae uit te sprei as jy 'n bly-by-die-huis ma is. Vir die wat buite die huis werk, stel vas of dit 'n werkie is wat hulle kan doen wanneer hulle van die skool af terugkom. Dit maak om net die wasbak, versus die hele badkamer, moontlik sonder om al die huiswerk Saterdae te doen.

As jy die werk jouself doen omdat jou kinders volgroeid is of miskien omdat jy vir God wag om jou met kinders te seën, dan is dit wys om werk te onderverdeel. As jy meer as een badkamer het, doen albei jou toilette of al jou wasbakke (insluitende die kombuis) en al die vloere op dieselfde dag. Dit is makliker en gouer om dieselfde taak op verskillende plekke te doen, eerder as om die toilet, die wasbak, die vloer, en dan die spieël te doen. Hoe weet ek?

Jare vantevore voor die ministerie, het ons 'n bediende diens in Kalifornie gehad. Dit was my werk om die vrouens op te lei wat my man gehuur het. Ek het hulle opgelei om dieselfde werk (al die wasbakke of toilette) te doen om te help om hulle tyd by elke huis en wanneer hulle met 'n ander bediende werk te bespoedig.

Een-keer-per-maand of elke-tweede-week werkies: Gebruik 'n groen maandelikse kaart. Wanneer ek iets sien wat een keer per week gdoen moet word, dan maak ek 'n groen maandelikse kaart uit soos "vee vingermerke dwarsdeur die huis van die deure af (kleuter hoogte).

Vir ***jare*** het ek 'n groen kaart vir die seuns se haarsny gehad. Voordat ek die kaart gemaak het, het ek gewag tot almal regtig gehawend begin lyk het. Maar toe ek hierdie metode om haarsny op 'n groen maandelikse kaart gesit het, was ek in staat om 'n mooi skoon prentjie te onderhou deur my familie se hare elke maand te sny. My kinderopleiding het goed te pas gekom want my derde seun sny almal in die familie se hare behalwe myne. Ek knip en kleur nog steeds my eie hare, wat baie gerieflik is noudat ek so dikwels en vir so lank reis, ek dra net 'n skêr en kleur saam met my!

Elke keer wat ek iets onorganiseerd of vuil agterkom (soos 'n spesifieke kas of yskas). Plaas ek dit op 'n groen maandelikse 3x5 kaart. Wanneer jy iets maak wat net een keer per maand gedoen hoef te word, gebruik 'n groen kaart, plaas vandag se datum (net die nommer, b.v die 16de) in die boonste linkerkantste hoek. As dit 'n twee-keer-per-maand taak is voeg 14 dae by die datum (b.v., 16de plus twee weke, of 14 dae, sal die 30ste) wees.

As 'n kaart op 'n ongeleë dag ('n naweek, verjaardag, of watookal val), plaas dit eenvoudig in die volgende geleë dag. Wanneer jy dit terug in die kaart lêer liaseer, plaas dit voor in die korrekte dag gelys op die boonste linkerkantse hoek van die kaaart, nie die dag wat jy finaal die taak gedoen het nie.

Nog 'n nota. Dit is beter om sindelikheid te "onderhou" as om 'n ramp aan te val. As jy die yskas se rakke op 'n Dinsdag afvee, en die deur (binne en buite) op 'n Vrydag, sal jy nie nodig hê om jou yskas elke maand heeltemal skoon te maak nie. Ons eet al ons oorskietkos die dag voor ek kruideniersware doen (Skep jou eie kos kantien.) Met al die kos weg, kan ek malik die leë rakke afvee om sindelikheid te onderhou, eerder as om 'n diep yskas skoonmaak dikwels te doen. Dit is ook wanneer ek skyfies, brode en nagereg sorteer. Enigiets wat nie geeet word nie word weggegooi, of was vir ons diere gegee toe ons op die plaas gebly het, en nou aan my oudste seun wat lief is daarvoor om aan te hou werk aangesien hy iets het wat hy in die mikrogolf kan warm maak.

Hoe om jou Kaart Leêr en die Sisteem te gebruik

Soos ek genoem het toe ons begin het, elke familielid wat in die sisteem deelneem het 'n hoop daaglikse blou kaarte wat ek saam gehou het met 'n wasgoed pennetjie of groot gekeleurde klem. Elke kind (en jy) het 'n verskillende gekleurde papierklip om hulle hoop maklik te identifiseer. Of, jy kan gekleurde wasgoed pennetjies gebruik, of skryf hulle name op 'n hout knip. (Aangesien ek dieselfde kaarte vir jare gebruik, het die papierknypers die boonste deel van die kaarte begin afslyt. Dit is toe ek klerepennetjies begin gebruik het.)

Elke oggend. Eerste ding elke oggend (of die nag vantevore) kyk na die voorletters en lê die blou hopies daaglikse kaarte (wat bymekaar gehou is met 'n klem) oor jou kombuis toonbank of lessenaar van links na regs—oudste tot jongste lid van jou familie.

Dan, kry die geel weeklikse en groen maandelikse kaarte wat voor in jou kaart lêer met vandag se datum (vir instansie, die 14de) uit. In jou kaart lêer, sal vandag se datum voor wees met al die geel weeklikse kaarte en groen maandelikse kaarte wat jy aan elke familielid uitgee. met ander woorde, as vandag, die 24ste is, sal daardie groep geel en groen kaarte voor nommer 24 wees. Jy sal hulle uithaal en hulle in elke hopie van blou daaglikse kaarte (wat met 'n klem bymekaar gehou is) plaas.

Voor in die hoop van elke persoon se blou daaglikse kaarte, behoort jy 'n wit fluoresserend kaart met hulle naam daarop te hê. Dit, gebruik ons as 'n gebed kaart wat lyste versoek, wat hulle vriende en familie se redding mag insluit. Of, jy kan 'n kaart uitskryf met 'n kort gebed vir daardie kind om hulle dag mee te begin. Met my dogters, skryf ek die vers uit van "blywende beskeidenheid en kalmte van gees wat by God groot waarde het" wat hulle twisgierigheid gehelp het!

Die laaste kaart is **pienk** en het die woord "gedoen" daarop geskrywe. Sodra hulle met gebed begin, begin hulle met die taak op die kaart, en wanneer voltooi, skuif hulle dit agter die "pienk gedoen" kaart. Die kaarte word NIE bymekaar gehou met 'n ring of uit spiraal gehou 3x5 kaarte nie, sodat hulle maklik rondgeskuif kan word of deur prioriteit of deur tydsbeperking. (By voorbeeld, as daar 'n kaart is om die asblikke in te bring, en dit later in die middag gedoen moet word.)

Pienk kaarte. Ek gebruik een pienk kaart om die stapel "gedoen" aan te dui en pienk kaarte word ook gebruik vir verjaarsdae (ons dek dit in meer diepte in Hoofstuk 8 "Beplan Vooruit'). En finaal, ek gebruik net een pienk kaart wat sê "skuif volgende maand se kaart vorentoe" wat gestel is vir die 25ste van die maand (geskryf in die boonste linkerkantste hoek van die kaart). Plaas hiedie kaart voor die 25ste kaart verdeler. Weer, ons sal dit in meer diepte in die volgende hoofstuk dek.

Nog een keer. Elke persoon het 'n stapel wat bymekaar gehou word met 'n klem. Die boonste kaart is die wit gebeds kaart, gevolg deur die blou daaglikse kaarte. Volgende is die geel weeklikse kaarte en groen mandelikse kaarte; laastens die pienk "gedoen" kaart.

Reëls om hulle bymekaar te hou: Hou 'n spesiale houer om die bymekaar-geklemde kaarte te hou. Al die kaarte moet daar bly; niemand mag die kaarte rond dra nie. My kinders se kaarte is in 'n ou plastiek brief houer.

Onderrig hulle in die metode. Sê vir die kinders dat as hulle 'n taak voltooi, word die kaart net agter die pienk kaart gesit. Nadat hulle gebid het, werk hulle deur elke kaart. Jy mag vir hulle sê hulle moet elke taak in die orde wat jy die kaart geplaas het voltooi (om gehoorsaamheid te leer), of jy mag hulle toelaat om die kaarte in enige orde te doen (om organisasie te leer). Dit is belangrik, nietemin, dat jy 'n tydstip het waar van hulle verwag word om die take voltooi te hê. Dit kan wees teen die middag, teen 3 n.m., voor hulle buite gaan om te speel, voor aandete, of teen die oggend. Nietemin, moet nie sê hulle moet die take doen voor hulle bed toe gaan nie, of jy sal die laatste bedtyd ooit hê!

My kinders het die gewoonte aangekweek om die heel middag te neem, in plaas van die uur wat dit hulle behoort te geneem het. So ek het begin om 'n kombuistimer te gebruik en dit vir 60 minute gestel om hulle ywer te leer. Dit het gewerk! So dit is nou die manier wat ek dit elke dag opstel. Ons kinders doen hulle kaarte onmiddellik nadat hulle hulle skoolwerk gedoen het. As 'n spesifieke dag duidelik meer werkies het wat "bewys" is om meer as 60 minute te neem, kan jy maklik nog 'n 10 of 15 minute byvoeg vir daardie een kind om hulle kaarte te voltooi.

Maak dit werk. Die metode werk net as jy die kaarte elke (weeksdag) oggend uitsit, en jy oefen straf uit as die take nie gedoen is nie. Periodiese inspeksies is belangrik om te sien of hulle hulle take korrek en deeglik doen! Ook, as jy hulle dit maak oordoen omdat hulle te lui is om dit reg die eerste keer te doen, sal dit volumes spreek vir daardie kind en al die ander kinders wat getuig dat jy bedoel wat jy sê! Ter aanvulling, as hulle ooit 'n kaart insit wat onvoltooi is of net nie gedoen agter die pienk een “gedoen” kaart, is dit ‘n leuen! Straf leuens erg. ‘n Leuenaar is ‘n afsku vir God!

Spesiale omstandighede. Omdat jy al die huishoudelike take op 3x5 kaarte het, kan jy maklik enige kaart na enige spesifieke dag toe skuif. As jy geselskap gaan hê en jy wil die vloere die dag vantevore gewas hê voor jou gaste opdaag, kan jy daardie kaart na daardie dag toe skuif. As jy vind dat gedurende die somer jy meer moet vakuum, kan jy meer vakuum kaarte maak; gooi hulle dan aan die einde van die somer weg. Die mees belangrikste ding om te onthou is dat jy sindelikheid wil onderhou, eerder as om altyd te wag totdat daar ‘n groot gemors is. Gebruik borslappies vir kinders en voorskote vir jou en jou klein helpers. Jy het ‘n baie belangrike werk om te doen—so laat die Here jou baas wees!

Hou “ongesiene areas” skoon. Om jou kaste of laaie skoon te hou en nie gesyspoor te raak gedurende jou skoon vee nie, sal jy ‘n “maandelikse” of groen kaart wil maak vir die kaste en laaie. Die beste metode is om dit op ‘n maandelikse basis te doen, en later na tweemaandeliks (twee groen kaarte gespasieer twee weke uitmekaar; b.v., 1ste & 15de of 14de & 28ste).

Jy sal weet hoe dikwels jy sal moet skoonmaak en sorteer afhangende van die erns wanneer die kaart opkom! En as jy getrou is om jou kinders by die skoonmaak in te sluit, sal jy vind dat hulle baie meer geïnterresseerd is om dit so te hou sodat hulle nie so gereeld hoef diep skoon te maak nie! Ter aanvulling, as jy dit jouself doen, is dit makliker om ‘n kas of laai skoon te hou, eerder as dat dit omgekrap word dat jy die hele kas of laai moet leeg maak soos wat jy gedoen het toe jy in die begin jou huis ontrammel het!

Verskeidenheid Wenke:

- Gebruik verjaardag (of enige geleentheid) papier tafeldoeke om groot geskenke toe te draai. Ek vind tafeldoeke by kruideniers winkels en R20 winkels wat afgemerk is

- Verkoues kan vermy word of aangeval deur Vitamiene C kristalle. Die bottel wat ek het is 470 ml., vir R393. Wanneer ons hoor van verkoues wat die rondtes doen in ons sirkel van vriende of ons kerk, voeg ek 2 opgehoopte teelepels by ons waterbeker. Die ouer kinders drink die meeste, af na die jongste. Met die eerste teken van 'n verkoue in enige een van my kinders, of myself, berei ek 'n sports beker op met 'n deksel (sit hulle voorletters op sodat niemand anders daarvan mag drink nie), en voeg een teelepel by die sap. Hulle sip deur die dag daaraan; en as ons dit betyds gevang het sal hulle nie die verkoue of griep kry nie. En as ons nie, herhaal ek dit vir die volgende paar dae en dit is gouer verby. Te veel Vitamiene C kan diarree veroorsaak, maar om te verhoed dat 'n verkoue tussen die agt van ons versprei, is dit 'n klein prys om te betaal. Ter aanvulling, ons lees op die Internet dat as jy 'n verkoue kry, neem omtrent 300 mg elke paar uur om jou simptome met 80% te veminder, ek het gevind dat hulle absoluut korrek is! Weer, jy mag diaree ervaar wanneer jy te veel neem, sny eenvoudig 'n bietjie terug

Hoofstuk 8

Maak die Meeste van

Beplan Vooruit

Nog Maniere om die 3x5 Kaart Sisteem te Gebruik

'n Mens beplan sy pad,
maar die HERE bepaal hoe hy loop.
—Spr. 16:9

Soos wat ek begin het om meer kinders te hê, het dit nodig geword om meer georganiseerd te word. Ek het nog 'n paar maniere hier onder gelys om die 3x5 kaart sisteem te gebruik om jou lewe te organiseer.

Maak gereed: Wanneer jy beplan om êrens met kinders te gaan, span jy baie verstandelike energie in om te probeer dink aan wat jy nodig het om te bring. Ek het begin besef dat as ek 'n permanente lys op 'n 3x5 kaart maak, ek addisionele items kon opskryf wat ek elke keer gemis het sodat ek hulle vir die volgende keer neergeskryf kon hê. Ek kon ook uitvee wat ek regtig nie nodig gehad het om saam te neem nie.

Ek het 'n blank verdeler geneem en 'n "Gereed—Gaan!" lêer gemaak waar ek al die permanente lyste waar ek "byvoeg" eerder as om nuwe lyste te maak hou. Hier volg 'n paar voorstelle:

Luier/Doeke sak: Skryf neer wat jy *moet* hê: hoeveel luiers/doeke, 'n slurpie koppie, afvee doekies (ek hou daarvan om eerder twee waslappe in 'n plastiese toebroodjiesakkie vir taai handjies of 'n Morsige luiers te gebruik in plaas van afvee doekies wat ook veiliger is), 'n paar speelgoed, oefenbroek vir die kleuter, en skoon borslappies. Na elke uitstappie, top ek my voorraad weer op sodra ek by die huis kom sodat dit gereed is om te gaan (deur my luier/doeksak kaart met die inhoud gelys na te sien). Dit is 'n takie wat ek begin het om aan my ouer kinders te delegeer toe die laaste drie gebore is

Handsak: My ma het alles in haar handsak gedra (dit was die grootte van 'n tas) en sy het dit net jaarliks skoongemaak. Ek hou daarvan om my handsak een keer per week te sorteer. Ek het 'n "sorteer handsak" kaart in my "Gereed" leêr. Om enigiets behoorlik "skoon te maak," moet jy eers alles uithaal. Haal al die gemors uit, maak 'n hopie van wat êrens anders "weggesit" moet word en sit dan die goed wat jy nodig het terug in jou handsak. Volgende stap is om jou 3x5 kaart lys na te gaan om te sien of daar enigiets is wat jy moet bevoorraad, en voeg enige "nuwe items" by wat jy mag nodig hê om by jou lys te voeg (of vee enige item van jou lys af wat jy nie meer nodig het om in jou handsak te dra nie). Alhoewel ek daarvan hou om dit weekliks te doen, mag jy net nodig hê om dit maandeliks te doen.

Wenk: Ek dra altyd 'n klein skêrtjie in my handsak. Ek sny draadjies af wat ek op my man of kinders se klere sien, en selfs etikette van my aankope. Maar die regte puik manier om die skêr te gebruik is om vleis of pizza vir jou kleintjies op te sny wanneer hulle jonk is. Dit is onmoontlik om met plastiek messe by kitskosrestaurante te sny. Dit is verbasend, makliker om biefstuk, hoender, pizza, en omtrent enigiets anders, met 'n skêr te sny as wat dit is met selfs 'n biefstuk mes is. Ek het die helder skêrtjies met die stomp punt gekoop (die goeie soort wat goed sny), en ek vind dat hierdie een item gebruik en geleen word meer as omtrent enigiets anders in my handsak. Natuurlik, nadat jy die skêr gebruik het om kos items op te sny, moet jy seker maak dat jy dit goed skoonmaak voordat jy dit weer in jou handsak stoor. En vir vanselfsprekende redes, moet nooit enige geroeste skêr gebruik om kos op te sny nie.

Paartjie "Weggaan." Een keer het my man my verras met die opwindende nuus dat hy my op 'n naweek "weggaan" gaan neem. (Ons is nogal seker dat nommer sewe die "vrugte" van hierdie "weggaan was!) Hy het gesê, "Gooi net 'n paar goedjies in 'n sak!" My kop het gedraai want ek het ses kinders gehad om gereed te kry (wel, het ek nodig om te verduidelik?). Ek het 'n "paar" goedjies in 'n sak gegooi—te min! Ek het ***niks*** gehad om bed toe aan te trek nie—natuurlik was my man verheug. Ek het my gesig vir twee dae nie gewas nie aangesien ek my skoonmaakmiddels vergeet het, en hy het nie baie GQ gelyk deur geen sokkies met sy uitgaan skoene te dra nie. Ek het my les geleer.

Toe ek by die huis kom, het ek 'n lys gemaak van alles wat ek *gewens* het ek daardie naweek saamgevat het, en 3x5 kaarte uitgemaak gemerk "Paartjie Weggaan." Later, het ek 'n "Paartjie Weggaan met Baba" kaart bygevoeg, aangesien my man dikwels op die ingewing van die oomblik 'n weggaan voorgestel het toe ek 'n baba gehad het wat ek nog geborsvoed het.

Noodgeval sakke. Selfs al het jy 'n goed-gevulde luier/doeke sak, is dit van geen waarde as dit by die huis is nie. So ek het 'n plastiek houer vir elke motor gekry en dit met noodgeval luiers, borslappie, 'n ontvangs kombersie (dit kom vir baie dinge handig), en onderbroeke vir die wat nog af en toe 'n ongeluk maak gevul. Ek dra ook 'n borsel, kam, en reukverwyderaar (vir sweeterige tieners)! Natuurlik het ek vir elke motor 'n ooreenstemmende 3x5 kaart gemaak, gemerk "Noodgeval Sakkie." Wees seker om 'n flits. fakkels, ens in te sluit. Moet nie die "weggooi' kamera vergeet om 'n padongeluk of 'n spesiale geleentheid mee op te vang wat jy andersins sou gemis het. Hulle is goedkoop en kan maklik vervang word.

Spesiale reise. Elke jaar, neem ons 'n reis op na 'n rivier toe en bly in 'n hut. Sonder twyfel, word baie dinge vergeet, wat dit maklik maak om dit regtig "wild" te doen. Ek het twee kaarte wat met 'n papierknip bymekaar gehou is wat alles wat ons nodig het lys. Elke jaar, opdateer ek dit en voeg dit onmiddelik by nadat ek uitgepak het.

Op een kaart, het ek geskryf dat elke kind sy of haar sak self-moet pak. Ek het geskryf hoeveel broeke, hemde, onderklere, sokkies, en ook 'n baaikostuum, P.J.s ens. Onder toiletware, het ek hulle in kategorieë soos haarsorg (borsel, kam, rekkies, hoede, gel, of haarsproei), oogsorg (kontaklense, bril, of sonbrille), liggaamsorg (reukverwyderaar, sonskerm, ens), gesigsorg (grimeersakkie, aknee goed, ens.) gesorteer. Die vier oudstes (ek laat hulle, hulle eie doen wanneer hulle 10 en ouer is) versamel hulle eie besittings, terwyl ek vir die drie jonger kinders pak. Hulle lê alles op hulle beddens, en ek kyk om seker te maak dat hulle goeie werk gedoen het (moet nie laat hulle, hulle sakke eers pak nie want dit maak dit moeilik om te sien wat hulle gepak het).

Vir jare, was hulle tas net 'n kussingsloop! Elkeen het 'n verskillende kleur gehad, en dit het regtig goed gewerk. (Natuurlik met ons groot familie, het ons nêrens heen gevlieg nie. Noudat ek daaraan dink, ons het weermag koffersakke gebruik toe ons gevlieg het—toe ons vier kinders gehad het.) Verlede jaar, het elkeen van die kinders 'n nylon sports sak vir die swemspan gekry wat ons nou vir ons reise gebruik. Ek het vir elkeen van die jongeres 'n rugsak gekoop vir hulle verjaarsdae. (Moet nie hierdie sakke vir die strand gebruik nie—sand sal vir ewig 'n deel van jou besittings wees!)

Nou dat geld nie 'n kwessie is nie, was ons in staat om stelle tasse te koop wat wiele aanhet. Ons het vir die drie jonger kinders gekoop, en die ouer kinders het hulle eie gekoop. Dit het 'n "moet hê" geword toe ons na oorde begin gaan het in plaas na 'n hut en toe ons begin vlieg het met ons kinders. Elkeen is in 'n verskillende fase in sy of haar lewe; doen wat ookal jou leefstyl pas.

Uiteet: Wanneer ons *almal* uitgaan, word daar genoeg na ons gestaar sonder dat almal kyk hoe ek probeer uitpluis wat almal op hulle gebakte aartappel wil hê! By meeste restaurante of kitskos plekke, sal jy vind, soos ek gevind het, dat almal hulle gunsteling kos het waarvan hulle hou om te bestel, so waarom dit nie neerskryf nie? Ek het begin om 3x5 kaart vir my ma te uitmaak, wie daarvan gehou het om die kinders uit te neem vir aandete, om dinge vir haar te bespoedig. Daarna, het ek die kaart by my geld (note) in my beursie gehou. Toe het ek begin om een uit te maak vir elke plek waar ons uit geëet het. Ek het selfs die bedrag wat dit kos neergeskryf, wat gehelp het om te sien of ek genoeg geld by my gehad het (voordat ons alles gelas het om "gereelde vliegmyle" te win). 'n Bygevoegde voordeel was dat ek geweet het as hulle my oorlaai het! En as jy 'n koepon gebruik en jy dit op jou 3x5 kaart papierklip, sal jy onthou om dit te gebruik.

Vir die van julle wat julle kinders net laat "kies" wat hulle wil hê, selfs al kan jy dit nie bekostig nie, dit veroorsaak ongeskikte kinders. Meeste kinders wat saam ons kom is hulpbehoewend wanneer ek vir hulle sê hulle moet "een" ding van die "kinder" spyskaart kies wanneer hulle nog altyd bestel het wat hulle wou. En wanneer hulle toegelaat word om te bestel, kies hulle dikwels onwys en bestel te veel. Dan sal hulle of soveel kos wat nie geëet word los of ooreet.

Jong meisies moet opgelei word om "spaarsaam" te wees met hulle keuses, aangesien meeste getroude paartjies op 'n knap begroting is. Die jong mans moet ook leer om verstandig te wees met hulle keuses, aangesien hulle 'n familie sal hê om vir te sorg. Ons almal weet dat dit "maklik" is om te leer hoe om geld te spandeer, maar dit is moeilik om te leer hoe om karig oor die weg te kom; daarom, moet 'n kind geleer word om dit te doen.

"Ek sê dit nie omdat ek gebrek ly nie, want ek het geleer om my in alle omstandighede te behelp. Ek weet wat armoede is en ek weet wat oorvloed is; van alles het ek ondervinding: om genoeg te hê om te eet sowel as om honger te ly, om oorvloed te hê sowel as om gebrek te ly" (Fil. 4:11-12).

Boeke. Ek neig om boeke te leen en ek leen baie boeke uit, en dit is uiters moeilik om tred te hou van hulle wanneer hulle weg is. So nou wanneer ek 'n boek leen of uitleen, skryf ek dit op 'n wit kaart. "Geleen by Sue" (of geleen van die biblioteek) of "Geleen vir Sue" en die datum wat ek die boek geleen of uitgeleen het. Ek plaas dan die kaart in die gedateerde lêer om op te kom wanneer die boek by die biblioteek verskuldig is of 'n maand later om die boek terug te gee of *vir* die boek terug te *vra* van 'n vriendin.

Wanneer ek 'n boek terug gee, trek ek 'n streep daardeur en skryf, "terug gegee" met die datum, maar ek hou die kaart vir 'n rukkie! Baie kere mag daar dalk 'n vraag deur die persoon of in jou eie gedagtes wees of die boek terug gegee was.

Ek lys ook op nog 'n kaart aanbevole boeke wat ek nie nou kan aankoop nie, en ek gebruik die kaart wanneer iemand my vra wat ek vir 'n geskenk wil hê. Ek hou die kaart in die maand van my verjaardag of in Desember se afdeling vir Kersfees geskenke.

Wanneer ek 'n boek lees, spesiaal 'n geleende boek, skryf ek notas op 'n 3x5 kaart vir verwysing in die toekoms. Al hierdie word op 'n blank leêr kaart gemerk "Boeke" wat ek in my lêer agter hou (agter die dae van die maand 1-31 en die maande Januarie tot Desember).

Verjaarsdae! In die maand seksie (Januarie-Desember), het ek 'n *pienk* kaart vir verjaarsdae. Die naam van die maand is bo-op die kaart. Volgende gelys is die *dag* van die maand gevolg deur die persoon se naam en die jaar (b.v. '78). Volgende, plaas ek "stuur" met genoeg tyd vir dit om die persoon betyds te bereik. Die postyd is korter as dit net ‘n kaart is; dit is langer vir ‘n pakket.

By voorbeeld, ek skryf onder Januarie “7de Maura 1958, stuur kaart die 1ste.”) Wanneer ek hoor dat ‘n nuwe baba gebore is in die familie, skryf ek die dag onder daardie maand se kaart; met die naam, die jaar, en wanneer om die kaart (of geskenk) vir hulle 1ste verjaardag te stuur!

Die pienk kaart word op die 25ste getrek, so jy het ‘n paar dae om die kaart of geskenk te koop en dit te pos. (As dit op die eerste van die maand is, mag dit wys wees om dit op die 3x5 kaart vir die maand vantevore te plaas, spesiaal as jy gewoonlik ‘n geskenk vir daardie persoon pos).

Ek hou hierdie maand se pienk kaartjie elke dag in my papierklip totdat ek die kaart of geskenk vir elke verjaarsdag daardie maand gekoop het. Dan, plaas ek die pienk kaart in die dag wat die volgende kaart, of geskenk, gestuur moet word. Aan die einde van die maand, plaas ek die kaart in die maand waar dit behoort.

By voorbeeld, nadat ek Maura se geskenk die eerste gestuur het, plaas ek die kaart voor die 5de wanneer ek Jim se verjaardagkaart moet stuur aangesien sy verjaardag op die 9de van die maand is.

Wenk: As jy soos ek is, hou jy daarvan om vir verjaarsdae en Kersfees vooruit te koop wanneer jy ‘n winskopie of iets waarvan hulle regtig sou hou vind. Nietemin, baie van ons het ‘n probleem om te vind *waar* ons dit weggesteek het. Op ‘n wit 3x5 kaart, skryf vir wie die geskenk is, wat die geskenk is, en waar jy dit weggesteek het. Sit dit AGTER die pienk verjaardagkaart vir daardie maand. Jy sal op die 25ste van die vorige maand waarsku word wat jy gekoop het en waar jy dit weggesteek het. Dit werk regtig!

Partytjies of ander afsprake: Daar is niks erger as vir 'n vrou om dieselfde rok rondom dieselfde mense te dra nie, want jy kan nie onthou wat jy verlede keer aangehad het nie. (Gebeur dit met jou, of word ek oud?) Wat ek wel onthou as ek êrens spreek is om in potlood die datum wat ek gevra word om te spreek en wat ek beplan om aan te trek neer te skryf. Ek plaas hierdie kaart by die datum (of die dag vantevore) wat ek geskeduleer word om te spreek. Wanneer ek daardie kaart terugsit, skryf ek wat ek uiteindelik aangehad het sodat ek weet om dit nie weer aan te trek nie. (As ek nie nog 'n spraak afspraak geskeduleer het nie, dan stoor ek die kaart in die "Gereed—Gaan!" afdeling van die lêer.) As daar 'n datum is, dan plaas ek dit by die dag van my volgende afspraak.

Jy kan hierdie metode gebruik vir kerk klere, besigheids aandetes, of selfs OOV vergaderings (alhoewel gemaklike rokke nou gedra kan word, so dit sou nie saak maak nie).

Badkamer linnekas: In ons eerste huis na ons herstel, het ons net een badkamer gehad met net een klein kas waar ek my toiletware, medisyne, verbande, ens., kon hou. Dit was amper onmoontlik om enigiets te vind totdat ek my 3x5 sisteem gebruik het. Ek het eers 'n klomp van die plastiese 3.7 kg roomys emmers met deksels bymekaar gemaak om die goed te sorteer en te stoor. Ek het elke emmer genommer en 'n ooreenstemmende 3x5 kaart uitgeskryf. Ek het die nommer van die emmer, die inhoud, en die ligging (op watter een van die drie rakke dit op was) op elke kaart geskryf. Dit kan agter in jou kaart lêer gestoor word met 'n verdeler gemerk "badkamer" of in die kas self op 'n hak. Wanneer jy, jou kinders, of jou man iets nodig het, blaai net deur die kaarte om uit te vind in watter emmer die item is en op watter rak.

Die sisteem het handig te pas gekom wanneer ek siek in die bed was of besig om 'n baba te borsvoed. My man of kinders sou die kaarte vir my bring, en dan die emmer gaan haal sodat ek die item vir hulle kon vind! Dan 'n paar uur later, sou ek vra vir die boks pleisters of anti-jeuk room sodat ek dit terug in die emmer kan sit en dit saam hulle terug stuur om op die rak te sit. Alhoewel ons baie meer badkamers en baie rakke het, het hierdie metode bewys om meer effektief te wees as wat ons nou het!

Tuis videos. Toe ons 'n video kamera gekry het, was ek verheug. Maar om 'n gebeurtenis wat ons wou kyk te vind was frustrerend. So een dag, het ons (ek en die kinders) gesit en al ons videos "vir pret "gekyk en sodat ek die hoofgebeurtenisse van die video op 'n 3x5 *wit* kaart kon dokumenteer. Ek het die bande genommer 1-10 en 'n ooreenstemmende 3x5 kaart genommer. As ek die datum van die gebeurtenis geken het wat ons besig was om te kyk, het ek dit neergeskryf (of dikwels probeer om te raai wat die datum was), gevolg deur die gebeurtenis (soos Axel se 10de verjaarsdag, Macy se eerste tree, A & E sokker toekennings, 1998 vakansie in Ft. Walton Beach). Vir die eerste paar jaar wat ons die kamera besit het, het ek ongelukkig nie geweet dat daar 'n knoppie was wat die datum op die prent merk nie. Met hierdie metode, kan ons nou enigiets vind wat ons wil kyk.

Die metode het handig te pas gekom nadat my pa dood is, en ons was in staat om terug te gaan en die tye wat ons saam hom spandeer het te kyk. Ek hoop om al hierdie saam te splits, op een band te sit, en dit *een* jaar vir my broers en susters vir Kersfees te gee.

Wenk: Ons het 'n band van 'n onderhoud met Oumagrootjie Brown gemaak voor sy dood is. Sy het een van haar kerk rokke aangetrek, en ons het vir haar 'n corsage gegee. My man, haar kleinseuns, het sy aand baadjie van die kerkorkes aangehad. Ons het die formaat van die "Tonight Show" gevolg, my man het haar voorgestel en vrae oor haar lewe gevra.

Op een punt, het ons (kamstig) die kameras afgesit om 'n breek te vat—maar ons het dit eintlik gefilm sonder Ouma se wete. Met die kamera af, het sy begin ontspan en was minder "formeel." Dit is toe wat sy begin dinge sê wat sy nie sou gesê het met die kamera aan nie, wat ons so hard maak lag het dat ons amper histeries was.

Toe ons gehoor het dat sy oorlede is, het ons 'n afskrif gemaak en dit Minnesota toe gestuur. Die familie het later by haar huis vergader en dit na die begrafnis gespeel. Hulle het geskakel om te sê dat hulle gelag het tot hulle gehuil het. Hulle het gesê dat dit hulle gehelp het om te onthou hoe sy was voor sy siek geword het; hulle het gesê dit was wonderlik! Ons het dieselfde met my pa gedoen, en dit was ook 'n regte seën. Per slot van sake, ouma sin was met 'n gehuurde kamera geneem. As jy nog steeds nie een kan bekostig nie, huur of leen een, en kry elkeen van jou ouers op band vir jou kinders om te onthou. Doen dit nou voor dit te laat is!

Hoofstuk 9

Maak die Meeste van Jou Kinders se

Speelgoed

Verwyder Speelgoed Malheid

'n Kind wat sonder dissipline grootword,
steek sy moeder in die skande . . .
—Spr. 29:15

Is een van die mees ergerlike en voortdurende gemors in jou huis die menigte speelgoed wat oral oor jou huis lê? As jou kinders of kleinkinders te veel speelgoed besit, hier is 'n oplossing wat ek jare gelede ontwikkel het wat regtig werk! Toe my ouer kinders klein was het ek verskeie idees wat ek in tydskrifte, boeke, of op 'n geselsprogram gehoor het gebruik. **Almal van hulle** was bewys was idees wat iemand wat geen kinders, of net een kind, gehad het en uitgedink het.

Nou, jare later, is ek nog steeds lief daarvoor om oor meer maniere te leer om te organiseer en om organisasie deskundiges dop te hou! Weereens, sommige van hulle oplossings is belaglik en regtig 'n grap.

Speelgoed dose is, vir my, 'n grap. Die kinders neig om net met die boonste items te speel, of hulle sal alles uithaal om iets onder te kry. Vir 'n paar jaar, het ek die Montessori metode probeer en rakke op ons son veranda geskep en *probeer* om hulle te kry om hulle speelgoed terug op die rak te sit. Eerlik, dit was soveel werk dat dit regtig nie die moeite werd was nie—alhoewel ek net twee kinders gehad het en baie meer tyd om aan speelgoed te wy.

'n Wasgoedmandjie, nietemin, is puik vir 'n klein kind se speelgoed (kleuter) en bevat net genoeg speelgoed vir hom. Selfs die kleinste kinders kan leer om hulle speelgoed op te tel en in die mandjie te gooi, tensy jy hulle dit nie maak doen as hulle die stuipe vang nie. Maar onthou net as jy ingee—as jy nie 'n agtien-maande-oue, kan beheer nie hoe sal jy beheer hê wanneer hulle 18 ***jaar*** oud word?

Vandag, is daar geen twyfel dat in die Verenigde State kinders hopeloos te veel speelgoed het. Ek kyk die heeltyd programme waar die ouers sê hulle het groter kamers nodig of 'n groter huis nodig oor al die speelgoed wat hulle kinders het. Hoe belaglik! Hulle kry speelgoed van ouers wat werk, oumas en oupas (wat nou 'n beperkte hoveelheid kleinkinders het waarvoor hulle vir jare gewag het), en vir hulle vriende. Tweedehandse, en erf uitverkoping speelgoed kan ook hopeloos te veel speelgoed skep en hopeloos te veel rammel.

So, weer, die kamers is vol rammel en daar is geen plek om te speel as gevolg van al die plastiek glyplanke en ander bybehore wat ouers foutief glo is noodsaaklik vir hulle kinders om hulle besig en gelukkig te hou. Sommige van julle mag my mening deel, maar dit is jou ouers of skoonouers wie die skuldiges is. Daar is 'n maklike oplossing as die grootouers plaaslik bly, en dit is om vir hulle te sê dat watookal hulle koop moet by *hulle* huis bly. o, Watter vreugde sal dit wees vir jou kind om na Ouma en Oupa se huis toe te gaan waar daar so baie speelgoed is! My eks-man het vir my vertel dat hy amper weekliks na sy grootouers toe gegaan het. Hulle het niks gehad om mee te speel behalwe 'n klein voetstoel wat hy sou omkantel asof dit 'n renmotor is. o, Hoe het dinge verander!!

Ek het onlangs gehoor dat baba partytjies vir Ouma baie populêr geword het! Ouma kry speelgoed en ander meubilering vir haar huis vir wanneer die kleinkinders kom kuier, Yikes, dit is skrikaanjaend.

Wel, na twintig jaar van sukses wat bewys is, is hier is ‘n onfeilbare manier om die speelgoed probleem in jou of Ouma se huis (as sy wil help) te beheer.

Eerstens. Sorteer al jou kinders se speelgoed in kategorieë of stelle, of maak ‘n klomp van ‘n variasie van emmers. Gebruik enige soort houer wat jy het, soos groot wasgoed seep emmers, balies, wasgoed mandjies, en hou enige stelle in hulle oorspronklike boks as jy hulle het (en as hulle inpas wanneer hulle inmekaar gesit is). Gooi enige speelgoed wat stukkend en buite herstel of vermiste stukke het uit.

Nou, sluit hulle toe! Volgende, vind ‘n kas om al die gesorteerde speelgoed in te pak met ‘n slot, en bring *een* stel uit vir ‘n hele dag. Verskrik? Jy dink hulle sal nie gelukkig wees totdat hulle hulle hande op elke speelding wat hulle wil hê kan kry? A.S. (Aandagaflybaarheid Siekete) is nie ‘n siekte nie maar ‘n gedrag wat ons in ons kinders en kleinkinders aanmoedig en koester.

‘n Kind wat gelos word om van een geleentheid na ‘n ander te hardloop, soveel televisie te kyk as wat hy wil, en min of geen dissipline het nie (selfs die woord “nee” word nie gebruik nie) is in vir moeilikheid of sal gou ‘n student wees wat “bedwelm” moet word wanneer hulle by die skool kom en is nie in staat om vir vyf minute op ‘n keer stil te sit nie.

Hoe meer jy finansieël geseën is, hoe meer kinders sal jy hê, en hoe meer verwoesting sal dit bring as jy nie baie, baie versigtig is nie. As jou kind geforseer is om met een stel te speel, is hy of sy ook forseer om “kreatief te wees”! Dit kom gewoonlik gou oor hulle wanneer hulle sê hulle is “verveeld.” My geneesmiddel vir “verveeldheid” is huiswerk!

Ek stop onmiddellik wat ek doen, en *entoesiasties* (met ‘n groot glimlag op my gesig) sê ek “Puik! ek kan jou hulp gebruik!’ en kry hulle om ‘n werkie te doen. Die metode is nie effektief vir jou as jy net "dreig" dat hulle sal werk as hulle verveeld is nie. Jy moet deurloop vir hulle om te leer dat om te kla dat hulle verveeld is 'n natuurlike gevolg is om nie kreatief te wees en hulleself te vermaak nie.

As jy nie so 'n vasbeslote moeder of ouma is soos ek is nie, kan jy maklik hierdie metode wysig en dat net een stel op 'n keer uitkom. En tensy dit alles opgeruim is, word nog een uitgegee. Maar vertrou my, kinders wat forseer word om kreatief te wees (met net een stel per dag) is die meeste geseën.

Skedule. Noudat jou speelgoed georganiseerd en in stelle is, sien hoeveel stelle jy het, en staan elkeen af vir 'n dag vir speel. Hier is 'n voorbeeld van wat ek gedoen het:

Maandae; Legos
Dinsdae: Speelhuis
Woensdae: Ruimte Stel
Donderdae: Karre (alle Hot Wheels en trokke)
Vrydae: Plaas stel
Saterdae: Lughawe

Toe my vier ouer kinders jonk was, het ons op 'n weeklikse skedule roteer. Nou met my jonger drie, het ons genoeg stelle vir 'n twee-weeklikse rotasie.

Ek het ook 'n "musiek" dag gehad met allerhande speelgoed wat geraas maak en 'n ander dag vir legkaarte. Ek het dit nie in hierdie normale rotasie gehad nie maar het hulle periodies uitgebring. Ek kon skaars die geraas van die musiek dae hanteer, maar ek was lief vir die dag wat hulle die heeldag legkaarte gedoen het.

Jy mag dink dat jy nie omgee oor die speelgoed nie, of jy het genoeg spasie sodat hulle al hulle speelgoed die heeldag beskikbaar het. Nietemin, soos wat ek vroeër gedeel het, daar is baie meer voordele toe ek die Here se leiding hieroor gevolg het. Dit het my kinders tevredenheid geleer. So baie kinders is “verveeld” alhoewel hulle ‘n speelgoedwinkel in hulle eie huis het. Al wat hulle wil hê is nog, soos wat hulle van die een aktiwiteit na die ander fladder. Wees lief genoeg vir jou kinders om nie in hulle verveeldheid toe te gee nie; in plaas daarvan, rek hulle deur hulle tevredenheid te leer. Dit sal ook die kreatiwitieit wat God in hulle geplaas het wat nou slapend lê help.

Vermiste stukke: Maak nie saak hoe hard jy probeer nie, jy sal stukke van stelle onder die bank of agter ‘n tafel vind. Eerder as om dit terug te plaas in die stel, sit ek ‘n emmer wat ek “Vermiste Stukke” gemerk het en plaas dit in die kas met die ander speelgoed. Wanneer die kinders of ek ‘n stuk vind wat vermis is, plaas ons dit in die emmer. Dan elke oggend nadat ek die stel vir die kinders uitgetrek het, gooi ek die emmer op die vloer uit sodat die kinders kan soek vir die vermiste stukke wat behoort aan die stel waarmee hulle speel. Selfs Pappa het geweet waar om iets te sit wat hy gevind het!

Hierdie sport rotasie kan ook met bord speletjies werk, wanneer jou kinders ouer word. Stel net ‘n spesifieke speletjie vir daardie dag, en jy sal vind dat hulle minder vervelig word met dieselfde een.

Dit help ook wanneer grootouers wil weet wat die kinders vir Kersfees of verjaarsdae nodig het. Jy kan sien watter stelle meer Legos of karre nodig het en iets kry wat jou kind regtig nodig het, in plaas van iets wat hulle nie mee sal speel nie.

Nog ‘n puik wenk. Plaas ‘n stel opsy vir wanneer “Pa by die huis kom.” My man het een keer vir my vertel, toe hy buite die huis gewerk het dat hy het gevrees het om 5:30 n.m. deur die voordeur te loop as gevolg van die “omsingeling” wat sou plaasvind. Hulle sou hom smeek om met hulle te speel of te stoei, wat hy sou doen omdat hy lief was vir hulle. Nietemin, het hy vir my gesê as hy net ‘n klein rukkie het om af te wen, hy reg sal wees.

So, die volgende aand, het ek vir die kinders gesê dat ek hulle sal toelaat om met hulle gunsteling stel te speel "wanneer Pappa by die huis kom." Toe hulle hom hoor deur die deur kom, was hy weer omsingel met soentjies en drukkies, maar toe hardloop hulle weg na Mamma toe wat nou net hulle gunsteling stel uitgehaal het! Hulle het gelukkig gespeel totdat aandete gereed was. Toe, na aandete, het hulle 'n wonderlike tyd saam Pappa gehad wat tyd gehad het om te ontspan na 'n harde dag se werk.

Dit werk ook vir wanneer volwasse gaste kom kuier. Neem net 'n spesiale stel uit wat uitgebring is vir spesiale geleenthede. Praat van gaste, wanneer jy kinders het wat jou huis besoek, sal jy LIEF wees vir hierdie metode met jou speelgoed opgesluit.

Wanneer klein vriende kom speel. Sommige kinders is uiters verwoestend en breek speelgoed, terwyl sommige letterlik tornados is en 'n gemors dwarsdeur die huis maak. Wanneer vriende kom speel, maak seker jy dring aan dat hulle help om die speelgoed op te ruim. Kinders wie (miskien vir die eerste keer) gemaak is om die speelgoed op te tel sal minder geneig word om jou huis te verwoes wanneer hulle terugkom (as hulle terugkom).

Jy sal moontlik die skoonmaak moet kontroleer, maar jy mag daardie moeder help wat nooit gedink het haar kind was self in staat om ager homself op te tel nie. Maak seker jy leer jou kinders om skoon te maak wanneer hulle besoek aflê. Wanneer ander moeders sien hoe jou kinders opgelei is, mag hulle net dalk vir jou hulp vra. Dan kan jy hulle na ons werf toe stuur vir gratis boeke, wat ons hoop hulle sal lei om die Man wat vir hulle gesterf het te leer ken!

Waar kinders speel. Vroeër in my moedersorg, het ek 'n gewoonte daarvan gemaak om geen speelgoed in die kinders se slaapkamer te hê nie, tensy dit 'n pop of 'n gestopte dier was. Ek het altyd my kinders se leesboeke in hulle kamers gehou, en dit was al. Slaapkamers, het my kinders geleer, was vir slaap, rus, of lees.Dit het gespaar dat hulle kamers lyk soos meeste kinders se kamers—'n ramp wat ek nie wou skoonmaak of probeer het om hulle te kry om skoon te maak nie.

'n Puik manier om die gestopte diere en/of poppe van die vloer af te hou en vir hulle 'n huis te gee (terwyl jy op dieselfde tyd hulle kamers versier) is om klein koppie hakkies rondom die deur van hulle kas of vensters te sit. Dan 'n lint om hulle nekke te bind en hulle van daardie hak af te hang. Ek het dit gedoen omdat dit gelyk het asof ons vyftig gestopte diere gehad het wat altyd op die vloer opgeëindig het. Selde het my kinders gevra dat ek hulle moet afhaal om mee te speel, so toe ons getrek het, het ons hulle aan die armes geskenk.

Selfs al woon jy in 'n baie klein apartement, jy kan 'n plek om te speel uitkerf. As dit klein is, maak dit pret deur 'n groot kombers of laken op die vloer uit te lê en sê vir hulle hulle moet daarop bly. Glo dit of nie, dit maak dinge meer pret. Nog 'n voordeel is wanneer dit tyd is om op te ruim, spesiaal as jy met klein stukkies soos Legos gespeel het—is dit 'n snap om dit op te lig en die stukke terug in die houer te gooi!

Ter afsluiting, een baie belangrike taak, selfs met speelgoed, is om jou speelgoed periodies te ontrammel. 'n Goeie tyd is net voor jou kinders se verjaarsdae en weer voor Kersfees. Dan kan jy sien watter speelgoed jou kind voordeel sal mag hê om in jou huis te hê, en ontslae te raak van speelgoed wat stukkend, vermiste stukke, nie meer gespeel word, of speelgoed wat jou kinders ontgroei het. Gee speelgoed vir die kerk of liefdadigheid aangesien God ons seën vir *gee,* nie verkoop.

Gebruik die metode uit Hoofstuk 2 om jou speelgoed te sorteer, en fokus spesiaal op speelgoed wat jou kinders ontgroei het. Gee sulke speelgoed vir vriende, die armes, of sit hulle in 'n boks vir toekomstige kinders (maar net as dit binne twee jaar gebruik gaan word).

As jou kind nie met 'n speelding speel nie, is dit moontlik die grootste deel van die gemors wat jy skoonmaak, of elke dag oor trap. Doen jouself en jou kinders 'n guns deur ontslae te raak van speelgoed wat hulle nie meer gebruik of nodig het nie, en dan die res te organiseer en weg te steek soos in hierdie hoofstuk aanbeveel.

Hoofstuk 10

Maak die Meeste van Jou

Maaltyd Beplanning—

Maak dit Eenvoudig

U laat my by 'n feesmaal aansit . . .
—Ps. 23:5

"Haai, wat is vir aandete?"

As jy soos meeste vrouens is, **"Wat is vir aandete?"** is 'n vraag wat jou maak ineenkrimp. Of jy jouself vra, of jou kinders of man jou vra, wat is vir aandete is n vraag wat elke tuisskepper teister. Sal jy glo dat oor die koers van jou volwasse leeftyd, jy meer as 18,000 aandetes en amper 60,000 maaltye sal maak? Dit is baie idees wat jy en ek mee moet opkom!!

Wetend dat daar 'n beter manier moes wees, het ek die metode probeer waar jy vir 'n maand kook, maar vir 'n hele dag—die hele dag lank—was aaklig! As dit nie erg genoeg was nie, toe ek dit probeer het het my familie gekla dat hulle nie elke aand "oorskietkos" wou hê nie, aangesien die maaltye vooraf gekook was en opgewarm!

My moeder het haar "wat is vir aandete' dilemma opgelos deur dieselfde maaltye oor en oor te maak. Basies, het ons spaghetti, hamburgers, varktjops, vis en hoender geeet. Om 'n spesiefieke maaltyd vir 'n spesifieke dag opgestel te hê vir my moeder sou te organiseerd vir haar gewees het, so sy het net die dae deurmekaar gemaak, wat haar manier was om ons te kry om te raai sodat ons nie geweet het watter dag om 'n ander familie te kry om ons te voer nie.

Toe ek in die kollege was het ek tot die slotsom gekom dat dit nie die "maak" van die aandete was wat rof was nie, maar die "wat" om te maak wat die wortel van die probleem was. Ek het tot die gevolgtrekking gekom dat as ek net met genoeg aandete keuses vir 'n maand kon opkom, en dit elke maand herhaal, sal elke aandete net 12 keer per jaar herhaal word!

Ek het ook agter gekom dat wanneer ek ou flieks, soos "Pollyanna," sou kyk dat die kok 'n knyperbord sou hê wat die maaltyd gelys het, wat die dame van die huis 'n week vooruit gekies het. So, toe gaan ek en maak 'n maand se spyskaart uit en sit dit op 'n knyperbord om tyd, geld, en hoofsaaklik die geestelike inspanning en angs van weet wat om vir aandete te hê te spaar—'viola'—dit het gewerk!

My metode het so goed vir my gewerk dat ek gevra was om oor my maandelikse spyskaart by baie vroue organisasies te praat; nietemin, ek het gou na my egskeiding besef dat nie alle vroue dit soos ek gniet om te organiseer nie en om te sit en hierdie peutervry metode wat bewys is te skep nie. Ek het ook ontdek dat dit nie altyd nodig is om so organiseerd te wees wanneer jy die begeerte en vryheid het om met 'n verskeidenheid maaltye op te kom nie. Daarom, het ek geweet dat ek die Here moes nastreef vir 'n ander metode wat aanvanklik minder tyd belê sou verg, wat vir jou en my familie sou werk!

****Streef Hom** na. Dames, dit is altyd die sleutel en antwoord op elke dilemma in jou lewe—streef die Here na vir die oplossing. Hoekom jouself, jou vriendin, of 'n deskundige vra wanneer daar Iemand is* *wat daarna hunker om jou te seën en geheime te gee wat niemand anders ken nie? As jy enigsins enige wysheid het kom dit van God af. Ons is lief daarvoor om mekaar met idees en wenke te seën om ons lewens makliker te maak, maar die beste een wat ek julle ooit kan gee is om die Here na te streef vir elke oplossing vir elke probleem of vraag wat jy het. Groot of klein, Hy het die antwoorde en sit reg langs jou en wag net vir jou om te vra!*

Vlak 1
MAKLIKSTE Maal Beplanning Ooit

Doel: om ten minste 28 aandete idees te vind, wat uiteet dae insluit.

1. Neem 'n 3x5 kaart en skryf bo 'n **tema** vir jou maal; hoender, maalvlies, Meksikaans, Italiaans, pasta, vleisloos, op die braai, kasserol, lekker maaltye, erdepot, familie gunstelinge, trooskos (wat jy geeet het toe jy grootgeword het), en nog een vir uiteet.

2. Op elke 3x5 kaart dinkskrum jy en skryf al die maaltye waaraan jy kan dink neer of hoender, maalvleis, Meksikaans, Italiaans, pasta, vleisloos, op die braai, kasserol, lekker maaltye, erdepot, familie gunstelinge, trooskos (wat jy geeet het toe jy grootgeword het), en plekke waarvan jou familie hou om te gaan uiteet.

Vir aandete idees: gaan enige lys wat jy gemaak het na, dink aan wat jy gewoonlik maak, vra jou familie of vriende vir idees, kyk in kookboeke, en dink aan plekke waar jy uiteet en wat jy bestel om jou geheue aan te wakker. Almal wat hierdie eenvoudige oefening doen word verras oor hoeveel aandetes jy eintlik gelys het.

Nou, kyk na jou kaarte om te sien watter tema die meeste aandete idees gelys het. Vir jou een-keer-per-maand spyskaart het jy net 7 temas nodig, een vir elke dag van die week, wat jou uiteet kaart sal insluit as jy daarvan hou om een keer 'n week uit te eet.

Per slot van sake, jy mag agter kom dat sommige van jou maaltye ooreensny. Byvoorbeeld, jy mag gebraaide hoender op jou hoender kaart en op jou lekker maaltyd kaart hê. Moet nie bekommer nie, ons dek dit by 'n later stap.

Meer oor uiteet. As jou familie, nou, die *heeltyd* gaan uiteet, beplan ten minste 2 uiteet dae per week. As jy die soort is wat *nooit* uiteet nie, mag jy dalk daaraan dink om 'n breek te neem van kook en ook die negatiewe kommentaar wat volgroeide kinders lief is om te maak om jou skuldig te laat voel van afstand doen.

***Eet oorskietkos.** Sluit 'n dag in om jou oorskietkos te eet deur 'n koskroeg te skep, wat is wat ek tot onlangs, vir jare gedoen het (vir ons Vrydag middagete). As jy nie jou oorskietkos wil eet nie, vind iemand om dit vir te gee. Vir amper tien jaar het ek al my oorskietkos vir my ouers gegee sodat my ma nie nodig gehad het om te kook nie. Die waarheid is dat ek altyd ekstra gemaak het, en my oorskietkos ingesluit het wat ek my moeder en vader, en my geestelike gestremde suster gevoer het!*

Aangesien my ouers nou oorlede is, het ek begin om my oorskietkos vir my oudste seun te gee wat van die huis af werk en te besig is om te kook. Hy het gesê dat dit hom tyd en geld spaar deur net 'n maaltyd te gryp en dit warm te maak.

'n Vriendin van my het nooit middagetes gemaak nie. Oorskietkos was altyd middagete. Weereens, moet nie probeer om dit uit te pluis nie. Vra vir God om jou te sê wat jy met die oorskietkos moet maak!

3. Kies jou tema in ooreenstemming met die dag van die week. Byvoorbeeld, jy mag die erdepot resepte vir Woensdae gebruik omdat daardie aand net dol is wanneer jy in die middel van die week kerk toe gaan, of miskien sou jy die erdepot maaltyd vir 'n Sondag middag beplan wanneer jy van die kerk af terugkom. Of, jy mag dit op 'n Maandag aand gebruik sodat jy dit vooraf op 'n Sondag aand

kan maak aangesien Maandae altyd uitputtend is. Kry die prentjie? Hier is hoe ek myne het:

Sondae is ons enigste **uiteet** na kerk.
Maandag het ons **Italiaans** omdat dit gou en maklik is.
Dinsdag is **hoender** vir geen spesiale rede nie—ons hou net van hoender en eet baie hoender.
Woensdag *is* **Meksikaans,** wat ook 'n maklike maaltyd is.
Donderdag lyk asof dit die enigste aand is wat al my kinders by die huis is, so dit is ons **lekker maaltyd**.
Vrydag is **familie gunstelinge**, wat ons manier is om die einde van die werk/skool week te vier.
Saterdag hou ek daarvan om te **braai** (en ja, ek doen dit in die middel van winter).

****Nog 'n oorskiet wenk:*** *Jou oorskiet dag behoort die dag* ***voor*** *of die dag van jou kruideniersware inkopies te wees sodat jy jou ou kos uitgehaal het, die rakke afgevee, alles voor jy die vars kos insit (in plaas van wat meeste mense doen—kos wegbêre wat vrot word).*

Onthou om ook jou broodmandjie, skyfie rakkie, vrugte laai, slaai/groente laai, en vleis/kaas laai skoon te maak wat ook gebruik kan word vir oorskiet of vir iemand behoeftig gegee kan word.

Skryf op die *boonste linkerkant*, watter dag van die week jy vir elke tema kies.

4. Volgende, maak 'n aparte kaart vir elke maaltyd. As jy ten minste vier maaltye vir elke tema het, sal dit 'n maand van spyskaarte dek. As jy 6 maaltye het, sal dit vir 'n maand en 'n half rek. Afhangende van hoeveeel maaltyd keuses jy het, kan jy dit rek so ver as wat jy maaltye voor het! Dit sluit ook in die plekke waar jou familie uiteet.

5. Neem jou tema maaltye en papierklip hulle saam. Plaas hierdie in 'n plastiek 3x5 kaar leêr onder die afdeling "aandetes." Dan, net een

keer per week (ons doen dit Saterdae na ons groot ontbyt), trek een van die maaltye van jou tema vir elke dag van die week uit. By voorbeeld:

Sondag Kies ek "Sjinese Sjef" uit my **uiteet** kaarte.
Maandag: Kies ak "lasagna" uit my **Italiaanse** kaarte.
Dinsdag: Kies ek "gebraaide hoender" uit my **hoender** kaarte.
Woensdag: Kies ek "bief tacos" uit my **Meksikaanse** kaarte.
Donderdag: Kies ek "gebraaide vark" uit my **lekker maaltyd** kaarte.
Vrydag: Kies ek "tuna viskoekies" uit my **familie gunsteling** kaarte.
Saterdae: Kies ek "biefstuk" uit my **braai** kaarte.

6. Volledige maaltye. As jy minder wil hê om elke dag oor te dink, dan onder die maaltyd skryf *wat jy* saam elke aandete *sal hê*. Vind eerste die groente deur te dinkskrum en skryf elke groente waaraan jy kan dink op 'n 3x5 kaart neer. Moet nie jou familie beperk deur wat hulle huidig eet nie; begin om iets nuut te probeer en brei jou familie se horison uit.

Volg die groente met 'n stysel; pasta, rys, of aartappel op en finaal, as jy wil, 'n nagereg. Skryf dit onder aan jou kaart. By voorbeeld, ek lys warm tee, fortuin koekies, en eetstokkies met 'n Sjinese maaltyd. Gebruik jou 3x5 kaarte om jou te help deur notas (in potlood) vir jouself te maak om tyd te spaar om elke week aan hierdie dinge te dink. By voorbeeld:

Sondag: is eenvoudig Sjinese Sjef.
Maandag: langs lasagna skryf ek slaai, en brood.
Dinsdag: langs gebraaide hoender, skryf ek spinasie, en mieliemeelbrood.
Woensdag: langs bief tacos skryf ek hergebraaide boontjies, tortilla skyfies met salsa en guacamole.
Donderdag: langs gebraaide vark skryf ek pasta sydis, slaai, en rolletjies.

Vrydag: langs tuna viskoekies skryf ek elmboog macaroni met tamatiesous.
Saterdag: langs biefstuk skryf ek gebakte aartappel, slaai en rolletjies.

7. **Middagete.** Nog 'n *eenvoudige* idee om die meeste van jou tyd te maak is om te dinkskrum vir jou middagete maaltye op dieselfde manier as wat jy vir aandetes gedoen het. Om middagete idees te vind, begin deur elkeen van jou kinders te vra wat hulle gunsteling is, maar maak seker dat hulle alleen is wanneer jy hulle vra. Aangesien ons sedert 1989 ons kinders getuisskool het, en vir amper net so lank by die huis gebly het, het ek elke week altyd EEN van my kinders se gunsteling probeer hê. (Nietemin, hulle word streng gewaarsku om nie te kla wanneer hulle op iemand anders se dag iets eet wat hulle nie noodsaaklik van hou nie).

As jy nie met 'n maand se verskillende middagetes kan opkom om met jou aandetes te korrespondeer nie, herhaal net die middagetes wat almal die meeste van hou. Maak 'n kaart vir elke middagete en pas die aandete by daardie middagete. 'n Groot vleis aandete moet gekombineer word met 'n pasta of vleislose middagete. Weer, 'n ligte middagete gaan met swaar aandetes OF groot middagete met ligter aandetes. By voorbeeld:

Saterdag middagete: is ons uiteet. So, vir aandete het ons altyd Sondag versnapperings (daardie gevriesde maaltye wat die kinders lief is voor maar wat ek haat. So ek eet net oorskietkos of 'n slaai.
Maandag middagete: is 'n kitskos middagete aangesien my dogters en ek ons kruideniersware doen.
Dinsdag middagete: is warmbrakkies, graan brakkies, chilli brakkies, of spesialiteit brakkies.
Woensdag middagete: is 'n vleis toebroodjie: ham, hoender, hoenderslaai, tuna, gebraaide bief of kalkoen.
Donderdag middagete: is 'n geboksde maaltyd.

Vrydag middagete: ws altyd ons oorskiet dag, maar toe my kinders so siek daarvan geword het, het ek gebid en die Here het my gelei om die oorskiet vir my volwasse seun te gee wat hulle net in die mikrogolf warm maak. Nou het ons GK (grondboontjiebotter en konfyt) of die oorskiet vleis vir toebroodjies.
Saterdag middagete: ons eet nie middagete nie. Ons eet ons groot ontbyt baie laat en eet 'n vroeë aandete.

8. **Ontbyt.** Maak nou die meeste van jou kosbare tyd en doen die laaste bietjie dinkskrum vir ontbyt idees. Om dit makliker te maak, het ek begin om 'n **ontbyt** tema te skep. By voorbeeld:

Sondag ontbyt: is elke persoon se keuse omdat almal op verskillende tye gereed is vir kerk.
Maandag ontbyt: is net graan (nie suiker graan; sien Vrydag).
Dinsdag ontbyt: is 'n geboksde muffin of vinnige brood mengsel wat my 13jarige- seun maak.
Woensdag ontbyt: is roosterbrood aangesien ons Dinsdae ons eie tuisgemaakte brood vir toebroodjies maak.
Donderdag ontbyt: is warm graan of vrugte en yogurt in die somer.
Vrydag ontbyt: was suiker graan vir meer as twintig jaar.
Saterdag ontbyt**:** is ons GROOT familie ontbyt. Ons roteer tussen tuisgemaakte karringmelk koekies, skons, pannekoeke, en Franse roosterbrood (ons resep in 'n opkomende hoofstuk).

Hier is nog 'n voorbeeld van toe ons op die plaas gebly het:

Sondae: Donuts, dit is die Here se dag so VERJEUG en maak dit spesiaal!
Maandae: Roosterbrood (hou dit interressant deur verskillende soort brood soos rosyntjie of suurdeeg te probeer.
Dinsdae: Graan (as jy nie elke dag graan eet nie, maak dan net een boks op 'n slag oop, of op die meeste twee).
Woensdae: Gebakte goedere (Dit is wanneer ons iets uit 'n boks mengsel gebak het. Laat een van jou dogters leer hoe om te bak deur

dit vir die familie te maak. Wanneer almal haar prys, sal sy begin om te wil leer om meer te bak en te kook! Dit geld ook vir die seuns!)
Donderdae: Warm pap of gevriesde wafels.
Vrydae: Suiker Graan
Saterdae: Groot ontbyt (Dit is wanneer ek 'n groot warm ontbyt soos my karringmelk beskuitjies, skons, pannekoeke, en Franse roosterbrood, met spek of ham, sap—alles maak!)

Graan Wenk: *Ek het onlangs 'n puik graan wenk gevind—weer deur gebed; ek verwyder die pak uit die boks, wat meer plek in die spens maak, en dit help om te sien wanneer daar net krummels oor is, en help om die kinders te herinner om die pak styf toe te maak.*

Ek skeur die boonste deel van die boks af (wat die naam daarvan op het), knyp dit aan die sak vas, wat twee wasgoedpennetjies verg en dus die pak toe hou en die graan varser!

Indien moontlik, probeer om net '"een-keer-per-week groot ontbyt te maak." As jy getroud is maak seker jou man is instemmend. Sommige mans doen fisiese werk en het 'n geharde ontbyt nodig, soos my buurvrou se man toe ons op die plaas gewoon het. Onthou om al my aanbevelings met jou familie en wat vir jou werk aan te pas. As jy een dag 'n week vir jou groot ontbyt kies, probeer om nie 'n Sondag te kies wanneer jy kerk toe gaan nie!

9. Met al jou maaltye beplan, is die res maklik! Blaai net deur jou aandete kaarte, middagete kaarte, en ontbyt kaarte en kies 'n maaltyd vir elke dag.

10. Die finale stap sodat jy nie die "Wat is vir aandete" vraag hoef te beantwoord nie sal wees om jou ***volgende dag*** se **maaltye** op 'n klein droë/afvee bord te skryf wanneer jy na aandete skoongemaak het.

Spaar meer tyd en stres en plaas jou bestanddele op die toonbank, en ontvries enige vleis. Hierdie eenvoudige bord hou my 'n tree vooruit van enige stres en elimineer my familie om te vra wat is vir aandete (of enige ander maaltyd).

Deur net 'n bietjie meer van jou tyd te belê, kan jy die meeste van jou tyd maak deur 'n maandelikse maaltyd plan te maak wat jy oor en oor en oor kan gebruik. Hoekom nie na stap twee toe gaan nie.

Vlak 2

Maandelikse Maal Beplanning

As jy net 'n bietjie meer tyd wil belê, sal jy in staat wees om die weeklikse besluite te elimineer en jou spyskaart vir 'n maand of meer beplan afhangende van hoeveel maaltyd idees jy het. Dit is wat ek vir die meeste van my getroude lewe gedoen het, wat die meeste van my lewe en my kosbare tyd gemaak het! Eerder as om die kaarte elke week uit te trek, skep 'n maandelikse spyskaart.

1. Op jou kombuistafel of toonbank, neem al jou aandete kaarte en rangskik hulle op die tafel soos 'n kalender (Sondae - Saterdae) vir soveel weke as wat jy het. Onthou om na die maaltye te kyk om te sien wat jou skedule pas (sport of kerk aand makliker maaltye; dae wat meeste familielede by die huis is vir lekkerder groot maaltye).

2. Sodra hulle uitgelê is, rangskik die maaltye om dit gevarieerd en interessant te hou. Jy sal verbaas wees hoe hierdie bietjie vooruitbeplanning soveel voordele vir jou en jou familie teweeg sal bring.

Wees ook seker om daardie uiteet dae in te sluit. Om vas te stel hoe dikwels: as jou familie, nou, *al die tyd* uitgaan beplan ten minste twee uiteet dae per week. As jy **nooit** uitgaan nie, soos **ek** vroeër gesê het, doen dit ten minste een keer per maand of jou kinders sal dit sekerlik negatief opbring wanneer hulle volwasse is.

As jy jong kinders het, kies jou uiteet dag op 'n dag wanneer jou kinders gratis eet of op afslag. Spesiale offers is oral as jy net kyk (meer hieroor onder).

3. Skuif die maaltye met vars groente nader aan jou inkopie dag, gevolg deur die gevriesde/ geblikte groente wat jy later kan gebruik. Ek hou groente wat vars is (soos geel skorsies en zucchini, artisjok of heel blomkool) binne twee dae van my inkopie dag (wanneer ek my maaltyd orde rangskik) met die gevriesde groente later.

4. Sodra jou kaarte gedoen is en uitgelê is, tik 'n permanente lys. Jy kan ook die lys op jou yskas plak wat jou gunsteling vraag *"Wat is vir aandete"* beantwoord sal hê eerder as om die droë/uitvee bord te gebruik, wat jou selfs meer tyd sal spaar.

Om hierdie sisteem buigbaar te maak, merk al die maaltye wat jy opeindig om te maak af en teken 'n BOKS rondom elke maaltyd wat jy oorsien. Baie van ons het dinge wat opkom so ons mag dalk 'n maaltyd mis wat ons beplan het. Jou skedule moet vir jou werk en nie nog 'n las in jou lewe wees nie. Die prag van 'n maaltyd wat oorgesien is is dat jy hulle almal aan die einde van die week kan optel en jou lys van maaltye selfs langer laat hou.

My vier-week spyskaart (wat ek vir meer as vyf jaar gebruik het) het gewoonlik vir vyf weke gehou aangesien ons baie dikwels daardie aandete moes oorsien vir 'n verskeidenheid redes.

**Net om seker te wees dat as jou oorgesiende maaltyd vars vleis insluit plaas die vleis in die vrieskas of maak die vars vleis maaltyd die volgende dag en sien (boks) die volgende dag se maaltyd oor.*

Vlak 3
Lys die Bestanddele
Wie sal voorberei?
Hoeveel van elkeen?

1. Om jou lewe te vereenvoudig, sit vir nog 'n 30 minute en lys al die bestanddele agter op elke kaart. Ek draai myne in die lengte. Dit werk goed. As jy 'n eenvoudiger metode wil hê, skryf die lys bestanddele neer op die dag wat jy elke maaltyd vir die eerste keer maak, voeg dan dinge by wat jy die eerste keer mag vergeet. Hierdie maklike stap sal jou grootliks help wanneer jy jou inkopielys voorberei, en seker maak dat jy niks vergeet nie.

2. As jou man daarvan hou om te kook of jy n ouer of volwasse kind het wat enige van die maaltye kan voorberei, skryf wie die maaltyd sal voorberei in die boonste linkerkantse hoek van jou 3x5 kaart en wees seker om hulle naam op jou kalender of Maaltyd Bladsy langs die datum aan te bring.

Ook, om jou jonger kinders te help om vir volwassenheid voor te berei, lys die naam van die kind wat jou kan help om elke maaltyd voor te berei ook in die boonste linkerkantste hoek onder jou naam aan.

*Wanneer jy 'n kind kies vir enige werkie in jou huis, begin altyd met die jongste of minder volwasse kind om te sien of hulle dit kan behartig. Ouers misbruik altyd hulle oudste kind (of kinders) nie net om hulle te oorlas nie, maar om ook bederfde, ongewaardeerde en onvolwasse jong kinders te skep.

3. Om te help met hoeveelheid, elke keer wat jy 'n maaltyd voorberei skryf (in POTLOOD) neer hoeveel jy geruik het om die maaltyd voor te berei om jou die volgende keer wat jy dit maak te help. As jy tekort

skiet, vee dit dan uit en vermeerder die bedrag. As jy met baie oorskiet opeindig, verminder die porsies.

Gebruik jou kaarte om enige belangrike informasie, soos hoeveel hoenderborsies om te kook of hoeveel roereiers jy gemaak het neer te skryf, dit help so baie as doeltreffendheid en selfs meer van die verstandelike stres van tuis skepping af te sny. As jou familie groei en jou behoeftes verander, kan jy maklik jou kaarte wysig. Byvoorbeeld:

Vir gebraaide hoender gebruik helfte van 'n hoender borsie per kind, een per volwassene.

Vir hamburgers gebruik 230g maalvleis per persoon en een broodrolletjie.

Vir ravioli, tel 4 vir elke volwassene, 3 per kind of klein eter.

*Om oorgewig kinders (en volwassenes) te voorkom moet nie "familie styl" bedien deur alles op die tafel uit te lê nie. In plaas daarvan plaas die borde in 'n ry op die toonbank en plaas 'n porsie op elke bord. Dit verseker ook dat almal groente kry!

Ek los enige ekstra op die stoof sodat as enigiemand weer opskep (jouself ingesluit) die persoon gesien word terwyl hy/sy meer kry. Ter aanvulling, my kinders was nooit toegelaat om net kos uit die kas of yskas te haal nie. Hulle was geleer om eers te vra wat my gehelp het om nie net ooreet te monitor nie, maar ook om te na aan aandete te eet.

Suiker

Aangesien my man en ek van totaal verskillende agtergronde gekom het, was ek onvoorbereid vir suiker graan wat my kinders elke oggend soos wat Pappa gehad het wou hê. Ek is nie seker hoe ons hier uitgekom het nie maar hy het opgeeindig om daarmee saam te stem (dit moes GOD wees!), maar jare gelede, het ons Vrydae oggende "suiker graan dag" gemaak!

Dit is dikwels beter om sommige dinge nie taboe te maak tensy jy en jou man heeltemal saamstem nie—as julle doen, dank die Here, omdat meeste paartjies doen nie! In plaas daarvan maak dit 'n "traktasie" of "beloning." God is lief daarvoor om ons te seën, so dit mag 'n area wees waar jy jou kinders kan seën!

Ons kinders voel nie ontneem nie, nog minder is hulle "vreemd," maar hulle leer om met selfbeheersing en moderasie te lewe eerder as oortolligheid, wat is hoe die wêreld lewe. Om te verbied is om geestelik te word, wat is hoe rebellie begin.

Maak "suiker graan dag" 'n spesiale dag soos 'n Maandag, sodat hulle uit die bed spring, of 'n Vrydag, omdat hulle dit deur die week gemaak het! Dit gaan vir koeldranke. Eerder as om dit te elimineer, drink dit vir spesiale geleenthede.

Leer moderasie en beheer, glo ek, is beter as om iets heeltemal te verbied. My kinders was een keer per week coke saam hulle pizza toegelaat. Noudat ons weet gas koeldranke veroorsaak maagkanker (nie net gaaitjies of vetsug in kinders nie), het ons verkies om dit basies heeltemal uit te sny en dit met versoete tee een keer per week te vervang. Die res van die tyd drink hulle baie water!

Neem 'n Breek: Gaan Eet Uit

Soos ek vroeër genoem het, dit is altyd goed om 'n breek te neem van kook, en om eintlik 'n dag, of selfs twee, te skeduleer om elke week uit te eet.

Meeste families is uit balans en eet of die HEELTYD uit, of eet nooit uit nie. Natuurlik, is dit somtyds omdat jou man van tuisgemaakte etes hou.

As jy te dikwels uitgaan, is dit dikwels omdat jy nie voorbereid is nie. Die metode wat ek met jou gedeel het behoort te help, maar soos ek vroeër gesê het, moet nie probeer om heeltemal op te hou om uit te eet nie; in plaas daarvan stel spesifieke uiteet dae en neem 'n welverdiende breek.

Somtyds, het ons vrouens nodig om te gaan uiteet; maar dikwels, waar jy gaan en hoe jy bestel bepaal hoe dikwels jy voel jy kan uitgaan. As gevolg van ons groot familie neig ons altyd na die R15 spyskaarte wat in meeste kitskos restaurante is, en ons bestel ALTYD water. Ons het dit gedoen as gevolg van die koste vir 9 koeldranke, nou is dit as gevolg van gesondheids sake. Nie net is dit bewys om maagkanker te veroorsaak nie, daardie bedrag suiker sny die immuun sisteem af by 50%. As my kinders nou en dan gaskoeldrank drink, sal ek verkies dat hulle by die huis is sodat hulle nie siektes van buite optel en 'n liter kos wat een drankie in 'n restaurant sou kos.

Ook, toe hulle almal jonk was het ek hulle altyd 'n paar keuses gegee van wat hulle kon bestel. Ons gaan ook waar kinders gratis eet, spesiaal toe ons so baie onder 10 of 12 gehad het.

Daar is baie nasionale kitskos kettingwinkels en plaaslike restaurante wat families wil verlei, so hulle offer gratis goedkoop kinder maaltye. Ek sien hulle die heeltyd op kennisgewings. Skakel die restaurante in jou area om te sien of hulle 'n Kinder Aand het. Wees seker om uit te vind watter dag, die tyd wat dit begin, die ouderdomme wees uiters seker oor hierdie punt), en of die koeldrank ingesluit is of nie. Ek het water vir my kinders bestel toe hulle 'n koeldrank kon gehad het ('n regte traktaatjie).

Die wyse oplossing is om dit alles oor die telefoon uit te vind sodat jy nie goedkoop lyk of opeindig om op die verkeerde aand by ‘n restaurant uit te eet nie—dit het met my gebeur! Skryf dan die besonderhede op jou 3x5 kaart vir elke restaurant. Met ‘n potlood skryf waarvan die kinders hou om te bestel! Dit help wanneer jy hulle uitneem en spesiaal as Ouma of Pappa jou klein kindertjies uit wil neem om te eet.

Hoofstuk 11

Maak die Meeste van

Kruideniersware Inkopies

Skep 'n Aangepaste Lys

Meeste mense maak 'n nuwe lys elke keer wat hulle na die winkel toe gaan, of hulle mag 'n standaard gedrukte lys gebruik wat in 'n organisator kom wat 'n bietjie meer sin maak. Deur net 'n bietjie tyd te belê, kan jy 'n meester kruideniersware lys skep en die behoefte om elke week te dinksrum elimineer. Selfs om 'n standaard lys te gebruik vereis verstandelike energie om die leemtes in te vul van wat jou familie nodig het, wat gewoonlik beteken dat items vergeet is en dit lei na 'n vinnige rit na die winkel toe net voor aandete!

Ter aanvulling, lyste wat jy maak of die standaard verskeidenheid lys nie die gange waar die items geleë is nie. Met 'n aangepaste lys, weef ons deur die winkel en spaar die helfte van die tyd wat normaalweg gespandeer is, en dit elimineer om jou tree weer na te gaan wanneer jy iets op 'n besonderse gang gemis het. Daar is 'n maklike manier!

1. Skep 'n meester kruideniersware lys deur deur die kruideniersware winkel te loop, net een keer, met 'n klipbord. Loop

op en af in die gange en skryf die items wat jy aankoop aan elke kant van die gang neer. Noteer die nommer van die gang.

***Maak jou lys wanneer jy nie in die winkel is om kruideniersware te koop nie.**

2. Gaan huis toe en tik jou lys op die rekenaar (of skryf dit per hand uit) en maak afskrifte. Moet nie 'n hele jaar sin druk nie (elke keer wat jy koop) sal jy dinge sien wat jy gemis het of wil verander op jou lys. Maak omtrent 'n maand se waarde en knyp dit op 'n klipbord om êrens gerieflik te hang: by jou lessenaar, in jou kombuis of miskien in die waskamer.

****Hierdie half uur belê sal jou dosyne ure van inkopies, en ure van dinkskrum spaar elke keer wat jy na die winkel toe gaan!***

3. Gebruik elke week hierdie lys deur deur die week se bestanddele te lees wat jy op die agterkant van jou 3x5 kaarte gelys het en ***bring hoogsels aan*** op jou lys vir dinge wat jy nodig het. Om seker te maak dat jy nie tekort skiet aan enigiets nie, gaan deur jou gedrukte lys en ***haal deur*** wat jy nie daardie week nodig het en bring hoogsels aan alles wat jy sien jy nodig het.

4. Nadat jy inkopies gedoen het, hou elke week se lys agter op die klipbord en gebruik dit periodies om jou lys op te dateer met dinge wat jy nie meer gebruik nie en voeg daardie dinge by wat jy dalk begin koop het. *Ek het vir amper 'n jaar luiers op my lys gehad nadat ek nie meer 'n baba in luiers gehad het nie!*

Eerder as om winkel toe te gaan, of om tekort te skiet aan goed, ***kies*** een dag per week om jou kruideniersware te doen. Probeer om 'n dag te kies wat jy nie te gejaagd is nie (moet nooit op 'n Maandag iets beplan wat jy nie hoef te doen nie). Naweke of na 5 is die besigste dae by die kruideniers winkels, so vermy hierdie dae en tye en dit sal inkopies baie makliker maak.

As jy lief is vir winskopies, gaan vroeg in die oggend kruideniersware winkel toe, om en by 6-7 v.m. (terwyl jou familie nog slaap). In die meeste winkels kan jy reguit na die vlies toonbank toe gaan en die vleis teen 'n ***verminderde** prys* kry. Ek koop die meer duurder maalvlies, soos sirloin, vir minder as die goedkoopste maalvleis. (As jy nie 'n oggend persoon is nie, gaan net een keer per maand vroeg na die winkel toe en vul jou vleis aan.) Nog 'n voordeel om vroeg inkopies te doen is dat daar minder druk is. As jy nie so vroeg kan gaan nie, is laatoggend ook goed. Moet net *nooit* probeer om oor 'n naweek of na 5.n.m. op weeksdae te gaan nie.

Wenke vir die Vakansies

Neem voordeel uit vakansies soos Halloween, Kersfees, Valentynsdag en Paasfees—en "verdeel die buit!" "...was die vroue tuis al besig om die buit te verdeel"! (Ps. 68:12.)

Die dag na elke vakansie, eerste ding in die oggend, gaan ons na die kruidenersware winkel toe en koop lekkergoed of versierings vir 50-75% af! Sjokolade lekkergoed hou vir vyf maande in die vrieskas en hou normaalweg van een vakansie tot die volgende. Dit is spesiaal perfek aangesien die mees duurste lekkergoed baie dikwels oor is, maar goedkoper as die goedkoop lekkergoed as jy dit net 'n dag vroeër gekoop het!

Ek koop ook al my toedraai papier, lint, strikke, en etikette die dag na Kersfees en stoor dit in my Kersfees bokse vir die volgende jaar. Ook, probeer ek om toedraai papier, geskenksakkies, of ander versierings (soos papierborde) wat nie soos 'n spesifieke vakansie lyk te vind en te gebruik vir verjaarsdae.

In Oktober, offer baie van die kitskos kettingwinkels koepon boeke vir net R15 vir truuk-of-traktasies. Vir baie jare het ons in die middel van nêrens gebly nie, en voor dit het ons 'n Duitse herdershond in ons erf gehad, wat beteken het on het geen truuk-of-traktasies gehad nie! Een jaar, het ek 'n R15 boekie vir 12 bestellings skyfies gekoop, en ons het hulle daarna gebruik. Nou is dit tradisie. Sommige burger ketting winkels offers skyfies; ander offer 'n roomyshorinkies, koekies, of skyfies.

*Hou dop vir die vervaldatum. Sommige hou tot die einde van November, ander sal tot die einde van die jaar gaan.

Met pakkies skyfies vir minder as R1.50, saam met R12. burgers, kan jy dit nie so goedkoop by die huis maak nie! Dit kan handig te pas kom met al die gestamp en gestoot van die vakansies. Is God nie goed nie?

Wenke oor Lyste

Die metode hierbo is die manier wat ek my huis met kos en toilet items wat my familie nodig het in voorraad hou. Nietemin, ek gebruik ook 'n droë/uitvee bord as 'n manier vir my familie om te kommunikeer dat ons tekort skiet aan iets.

Plaas jou bord aan die kant van jou yskas of in jou waskamer). Soos wat jy, jou man, of kinders iets agterkom wat jy tekort skiet of nodig het—skryf dit net op jou merker bord. Ons ouer kinders is goed deur huis toe te skakel om te vra wat op die bord is om te sien of hulle dit vir my kan koop voor my gewone inkopie dag.

Wenke waar om Inkopies te Doen

As jy daarvan hou om geld te spaar kies 'n winkel waar jy self jou inkopies inpak. Ek hou nie net daarvan om geld te spaar nie, ek hou ook daarvan om my pakkies te organiseer in ooreenstemming met waar dit in die kombuis gaan om stappe te spaar wanneer ek by die huis kom.

As jy by verskeie plekke jou inkopies doen, soos by 'n afslag brood winkel, gaan eers na daardie winkel toe indien moontlik. Selfs Sam se Klub mag nie hê wat ek op my lys het nie, so om eerste soontoe te gaan sal my in staat stel om dit wat ek nodig het na my kruideniersware lys oor te plaas.

Wenke vir jou Weeklikse Inkopie Dag

Om in een dag my lys te maak en inkopies te doen het te veel van my tyd geneem, meer inspanning, en ek het dikwels gejaagd gevoel. So 'n paar jaar gelede het ek die taak in *twee* dae verdeel. Dit het al die verskil in die wêreld gemaak! Ek neem meer tyd en inspanning om seker te maak dat ek alles op my lys het. Ek het ook gevind dat ek weinig items gemis het wat ek nodig gehad het.

Met 'n nuwe gedrukte lys gaan na jou merker bord toe en plaas die items wat op jou lys geskryf is oor op jou lys met 'n verligter, en vee hulle dan uit.

Volgende, gebruik jou gedrukte lys en gaan jou spens en yskas na teen die "benodigde bestanddele" vir daardie week se spyskaart.

As jy koepons gebruik, plaas 'n "K" langs die item en klip jou koepons op jou klipbord. Dit help om seker te maak dat jy die korrekte item kies wat geoffer word, en maak seker dat jy jou koepons aan die kassier oorhandig.

Vir die warm somer maande, het ek in verkoelers en koelsakke belê om my gevriesde kos en verkoelde kos veilig by die huis te kry.

Dit help ook om 'n paar reghoekige wasgoedmandjies in jou kattebak te hê om jou plastieksakke in te sit, wat jou tyd en inspanning sal spaar om die pakkies in die huis te kry. Dit voorkom ook dat die items uitval terwyl jy huis toe bestuur.

Sluit jou Kinders in

As jy daarvan sal hou om hierdie as 'n "leer ondervinding" vir jou kind te gebruik, gee vir jou kind die klipbord, met 'n potlood, en die koepons terwyl jy die trollie stoot. Laat jou kind vir jou sê wat die volgende item is waarvoor jy soek en die koepon handelsnaam of vereiste (koop twee kry een gratis).

As jy ander kinders het, laat hulle die item kry en dit in die trollie sit. Laat jou helpers die koepons aan die kassier oorhandig, en wees seker dat jou kinders jou inkopie trollie aflaai.

Wanneer jy die motor op inkopie dag aflaai, is my hele familie geleer om te help. Hulle plaas al die pakkies op die toonbanke of tafel, en sodra die motor leeg is neem hulle al die kos uit die pakkies. Die ouer kinders (of ek) plaas die kos in die kaste op 'n ordelike manier. Ek het 'n gemerkte rak vir graan, vir skyfies vir geblikte goedere, vir gebak, ens.

As jy 'n klomp kinders het wat kan help, breek hierdie werk af vir doeltreffendheid en spoed. Ek laat my langste die koekies en skyfies wat in die kas bo ons yskas gaan wegpak. My gerorganiseerde dogter het die geblikte goedere weggepak, en altyd seker gemaak dat hulle korrek gesorteer is met die etikette wat vorentoe wys. Nog 'n kind het al die yskas items weggepak, en die ou wat altyd haastig is het die gevriesde items weggepak. Die jongste kind het al die weggooi plastiek sakkies gekollekteer

Berei Vooruit

As jy jou maalvleis kook wanneer jy van die mark af terugkom, sal dit nie net gereed wees om bymekaar te gooi in 'n maaltyd nie, maar dit proe ook varser, en kan langer in die yskas gehou word sonder om vrot te word (Op een stadium het ek een van my seuns betaal om dit te doen. Hy het die geld nodig gehad en ek het hierd werkie besonders gehaat.)

Gekookte maalvleis hou ook goed in die vrieskas, gebruik zip sluit sakkies om spasie te spaar en om te elimineer om baie plastiek houers te koop. Net onlangs het ons 'n partytjie gehad waar ons tacos bedien het. Ek het aspris ekstra gemaak om seker te maak dat ons nie tekort skiet nie, en ook omdat ek geweet het dat ek die vleis later kon gebruik. Aangesien ek die vlies vars gekook het, was ek in staat om die oorskiet gekruide vleis in pakkies te sit en het genoeg vir drie aandetes nog steeds in my vrieskas—ek lief dit!

Maak jou eie vleisbrood, gooi die sous oor jou braai ribbetjies, maak jou lasagna op, en plaas dit in die yskas. Dit maak dit nie net makliker op kook dag nie, dit verhoog die geur van jou maaltyd.

Vreugde!

Die mees belangrikste ding wat jy kan doen is om die werk wat God jou gegee het te *geniet*, en "vreugde" daarin te vind! Deur ongelooflik voorbereid te wees en voor te bly met hierdie alles-belangrike taak om kos aan te koop en maaltye vir jou familie voor te berei, sal jy minder neig om die werk te haat. Enigiets waarmee jy goed is, sal jy geniet om te doen. Aan die ander kant, dinge waarmee jy in jou lewe sukkel, kan jy nie help om te haat nie.

Sodra jy hierdie hoofstuk gebruik om hierdie taak te bemeester, begin om die uitdaging te geniet om prettige dinge op prettige maniere voor te berei. Sny jou toebroodjies in spesiale vorms met 'n koekie snyer. As jou kinders die korsie haat, sny verskillende vorms in die middel uit, rol dan die korsie in 'n "wrap" wat hulle sal eet!

In die somer, koop plastiek burger mandjies vir middagetes of vir 'n burger aandete vir pret. Plaas 'n suigstokkie in die mandjie vir 'n prettige nagereg.

Soos wat ek in die vorige hoofstuk genoem het, hou jou kinders weg van ooreet en spaar op “opdien bakke,” eerder as om die kos “Boere Styl,” op die tafel te plaas, lyn jou borde op die toonbank op in die orde van ouderdom, en bedien elke kind met die geskikte porsies. Selfs mans sal minder eet en hul gewig afhou met hierdie metode. En as enigiemand ‘n tweede porsie wil hê, moet hulle die poging aanwend (en aandag trek) deur na die kombuis of stoof toe te gaan.

Met jou maaltye en inkopies georganiseer, kan jy nou vreugde vind deur smaaklike, voedsame, fynproewer, en pret maaltye te skep.

Finaal, wees seker om jou tafel vroeg in die dag te dek en maak dit mooi, prettig, en aanloklik vir jou familie. Dit sal hulle wys net hoeveel jy omgee.

Hoofstuk 12

Maak die Meeeste van

Jou Oond

Smaaklike Ontbyt Traktasies

Daar is niks wat jy kan leer of jou jou dogters leer om te doen wat jou meer lof en satisfaksie sal gee as om te leer hoe om van niks af te begin bak nie. Ek moet lag oor hoe elke huis hierdie ontwerpers kombuis met vleklose staal bybehore nodig het, tog het meeste meisies vandag geen idee hoe om te kook of bak nie!

Aangesien ek, ook, een van daardie mal meisies was wat nie geweet het hoe om te kook en nooit een ding in my lewe gebak het voor ek getroud is nie (wat selfs 'n boks mengsel insluit), ek het geleer hoe maklik dit regtig was en hoe vreeslik bevredigend dit is. Dit is waarom ek my dogters op 'n jong ouderdom geleer het, wat gelei het daartoe dat hulle wou kook

Wanneer jy daaraan dink, 'n opvoeding is nie so belangrik as om te leer en te bemeester iets wat jy elke dag gaan doen nie, selfs tot op drie maal per dag. Winkel kos (soos wat my oorlede Ouma Grootjie Brown dit genoem het) proe absoluut niks soos iets wat vanuit niks gebak is nie. Die voorbereide of boks mengsels is nie soveel beter nie, nietemin, vir sommige gebakte traktasies kom hulle beter uit as die vanuit niks: koeke en tert korse om spesifiek te wees.

Die tert resep in hierdie hoofstuk was my eerste sukses met gebak, wat my die moed gegee het om meer dinge te probeer. Die Here was met my (en het vir my die begeertes van my hart gegee) een afspraak aand toe ek nog getroud was, en my man op 'n blou lint resepte boek in 'n groot boekwinkel afgekom het. Dit was vol gebakte goed wat 'n blou lint by die staat kermis gewen het. Ek het hulle net 'n bietie verander deur alles net 'n bietjie soeter te maak!

Die res van die resepte wat ek deel is wat vrouens vir my deur die jare gegee het toe ek gebieg het dat ek nie kon bak nie. Dames, ek is nou bekend vir my smaaklike gebakte goedere. Daarom, kan enigeen van julle, net deur die resep te volg, jou familie en vriende seën. "Haar kinders prys haar, haar man bewonder haar en hy prys haar deur te sê, "Daar is baie knap vrouens, maar jy oortref hulle almal"' (Spr. 31:28-29).

Erin se Karringmelk Pannekoeke (en Wafels)

Elke keer wat ek hierdie pannekoeke maak, kry ek wonderlike resensies. Dieselfde dame wat my gehelp het om my eerste tert te bak het hierdie resep vir my gegee, maar dit was 'n volkoring pannekoek. Dit maak nogal baie om 'n familie te voer of om as 'n vinnige ontbyt gedurende jou besige week te gebruik. Hulle kan in die mikrogolf opgewarm word, maar is smaakliker wanneer hulle in die broodrooster lig gedoen word.

2 K meel
2 K karringmelk
2 eiers
2 E. olie
1t. koeksoda
1t. bakpoeier
1t. sout
1t. vanielje

Dit is so maklik. Plaas al die bestanddele in 'n mengbak met die menger op stadig, dan hoog. Sodra dit heeltemal gemeng is, moet nie weer meng nie. Kook op 'n 180° rooster. Hierdie beslag kan op 'n wafelpan gegooi word vir ligte en bros wafels (as jy hulle meer taai wil maak vermeerder die olie). Ek maak gewoonlik ekstra beslag, en gebruik die oorskiet om wafels te maak om in die vrieskas te hou om net in die broodrooster te sit.

Vandat ons Missouri toe getrek het, moes ek meer vloeistof bygegooi het vir die digtheid waarvan my familie hou. As jy van hulle "koekerig" hou, gebruik minder vloeistof. As jy van hulle dun hou, gebruik meer vloeistof.

Ek het ook gevind dat ek ligter pannekoeke gehad het wanneer ek bruismeel vir ¼ van die meel gebruik. Gebruik ongebleikte wit meel vir 'n meer natuurlike, geursame smaak, of gaan organies vir dieselfde puik geur, wat is wat ek nou gebruik.

Pannekoek Variasies: Om Sweedse pannekoeke te maak: verwyder 'n kwart van die meel en voeg 'n ekstra eier by; hulle is dunner en proe 'n bietjie meer "eierig."

Vir 'n regte traktasie, maak ek die tweede helfte van die baksel sjokolade kepie pannekoeke! My kinders spog oor hulle by al hulle vriende!! Ek hou daarvan om die "mini" sjokolade kepies te gebruik! Wanneer jy al die gewone pannekoeke gemaak het wat jy wil hê, dan gooi jy van die sjokolade kepies in jou baksel en vou hulle in. Hierdie is ook my gunsteling!!

Vir wafels: Ek het gehoor dat dit meer olie sou vereis, so ek het daarmee geeksperimenteer. Met my nuwe Belgiese wafelpan, die beste digtheid, glo ek, is wanneer die olie ratio dieselfde bly. Hulle is 'n bietjie bros aan die buitekant maar teer aan die binnekant. Nietemin, met my ou gewone wafelpan, was hulle te bros. Toets dit jouself; hou al die ander bestanddele dieselfde, varieer net een eetlepel olie en vermeerder dit volgens jou familie se smaak!

Smelt-in-Jou-Mond Karringmelk Beskuitjies

Jy kan nie in die suide woon sonder om te weet hoe om goeie beskuitjies te maak nie. Ek was lief vir beskuitjies, en het hulle wanneer ons uitgegaan het bestel. Toe, leer ek hoe om my eie te maak! Nou geniet ek dit nie om iemand anders sin te eet nie. Hierdie sal jou wonderlike resensies gee.

Een aand, was ons gevra om iets te bring vir 'n tuisskool "wat jy in die pot vind". Ek het 'n groot baksel van hierdie beskuitjies gemaak. 'n Dame het oorgekom na ons tafel toe en my gevra waarom die kinders na die buffet lyn opgesluip het.en iets onder hulle servette weggesteek het. Hulle het elkeen twee beskuitjies gesmokkel voor enigiemand by hulle kon uitkom! Noodeloos om te sê, sy (en meeste van die moeders) het my gesmeek vir die resep!

By 'n ander geleentheid, het my tweede seun, Axel, gehelp om ou gebakte goedere by 'n plaaslike bakkery op te tel en aan die armes te gee. 'n Ouer man het hom nogal vroeg opgetel vir hierdie taak. Een oggend, het ek vroeg opgestaan en 'n baksel van hierdie beskuitjies gemaak en smaaklike koffie (ek sal vir jou die geheim vir smaaklike koffie gee na die skons hier onder) om met sy bejaarde drywer te deel. Die volgende week, het my seun paniekerig geraak toe hy sien dat hierdie man amper 'n uur voor sit en wag voordat hulle geskeduleer was om te gaan—dit was nog donker! Hy het vir die beskuitjies gewag, en hierdie keer het hy sy eie beker gebring vir my koffie!

2 K meel
1E. bakpoeier
¼ t. koeksoda
¾ t. sout
1 E. suiker
⅓ K smeer
1 K karringmelk

Voorverhit oond tot 230 grade. Sif meel, poeier, soda, sout, en suiker. Gebruik ‘n handhou deegmenger, sny die smeer in totdat die mengsel soos growwe sout lyk. Maak ‘n put (of gat) in die droë bestanddele om die vloeistof te hou, en giet die karringmelk in. Gebruik ‘n vurk, roer vinnig totdat die deeg die vurk rondom die bak volg. (As jy groot baksels soos ek maak, gebruik dan ‘n groot opdien vurk om dit soveel makliker te maak om te meng!)

Skep die baksel op ‘n ligte meelbedekte oppervlak. Knie **liggies** 10-12 keer. (As jy brode oorknie mag dit puik lyk, maar dit is soos rubber. So moet NIE beskuitjies, skons, of die demper— enige vinnige brood oorknie nie). Rol die deeg omtrent 1.2 sentimeters dik (jy kan ‘n deegroller gebruik om hulle ‘n eweredige dikte te maak).

Doop ‘n ronde beskuitjie snyer (of gebruik die boonste gedeelte van ‘n glas soos my moeder gedoen het) in die meel tussen elke paar snye. Sny die deeg reguit af; moet nie die snyer draai nie.

Plaas 1.2 sentimeter uitmekaar op ‘n ongesmeerde bakplaat. Bak in ‘n voorverhitte oond vir 12-15 minute teen 230° of tot dat hulle ligte bruin bo is. (As hulle ooit binne degerig is, mag dit wees omdat hulle te dik is, so rol hulle net dunner die volgende keer.)

Skotse Skons

Ek het hierdie resep baie jare terug in ‘n tydskrif gevind. My familie het verlief geraak daarop. Een aand, het ek ‘n vrou uit Skotland ontmoet, en sy het my gesmeek vir die resep. Dit lyk asof haar man, ‘n Amerikaner, teleurgesteld was dat sy nie vir hom Skotse skons kon maak nie. ‘n Paar weke later, toe ek in die winkel waar sy gewerk het geloop het, het ek gedink sy gaan oor die toonbank spring toe sy my sien. Sy het gesê dat hierdie resep hulle huwelik totaal verander het, en sy is nou met die “gelukkigste man op aarde” getroud. Nietemin, ‘n paar maande later, het sy gesê sy het ‘n paar kilos opgetel!

2 K meel
2 t. bakpoeier
¼ t. koeksoda
½ t. sout
2 E. suiker

⅓ K botter (6 E. dun gesny)
¾ K karringmelk
1 groot eier, liggies geklits
'n Klein bietjie melk vir bo

Verbind die boonste vyf bestanddele; sny die botter in met 'n deeg snyer tot baie fyn. Voeg die karringmelk en eier by. Roer met 'n vurk tot klam. Knie net **vyf** of **ses** keer (niks meer nie). Deel die deeg in die helfte; vorm elke helfte in 'n sirkel. Sny elke sirkel in agt (pizza tipe) wiggies met 'n skerp mes wat jy voortdurend in die meel doop. Plaas hulle 1.2 sentimeters apart op 'n ligte gesmeerde koekie plaat. Borsel met melk en sprinkel suiker bo op. Bak teen 220° vir 12-15 minute. Bedien warm voor!

*As jy my resep uit 'n vorige uitgawe het sal jy agter kom dat ek niks gesê het van die botter wat BAIE koud moet wees nie, wat ek gehoor het al die verskil in die wêreld gemaak het aangaande die tekstuur. Dit het snywerk BAIE moeilik gemaak so ek het regtig nie daarvan gehou om hierdie te maak nie. Toe een dag wat ek gebid het oor 'n manier om hulle makliker te sny, het die Here my gekry om die botter sag te maak. Dames, nie ek of my familie kon die verskil sien of proe nie! Hulle is nou so maklik soos karringmelk beskuitjies om te maak! Is God nie ontsagwekkend wanneer ons Hom vir die antwoorde op ons dilemmas vra nie?!

Oornag Koffiekoek

Elke Paastyd, in plaas daarvan om dit met eier en 'n hasie te vier, het ons 'n Halleluja Ontbyt—Jesus het opgestaan! Ek maak dit die aand vantevore. Dit is eenvoudig smaaklik!

Ons het ook 'n kalkoen vir Danksegging aandete. Ons bedank die Here dat hy aan die kruis gesterf het, en bedank God dat Hy Sy Seun gestuur het. Ons is te besig om dit Paas Sondag hierdie jaar te doen, so ons sal ons Halleluja Ontbyt Saterdag vier.

2 K meel
1 K suiker
½ K ferm gepakte bruin suiker
1 t. koeksoda
1 t. bakpoeier
½ t. sout

---

1 K karringmelk
½ K botter
2 groot eiers

½ K ferm gepakte bruin suiker
1 t. kaneel

Verbind die eerste ses bestanddele; volgende, voeg die karringmelk, botter, en eiers by. Klop teen 'n lae spoed met 'n elektriese menger tot klam; klop teen medium spoed vir nog drie minute. Skep of giet die baksel in 'n gesmeerde en meel bestrooide 33x22x5 pan. Verbind die laaste twee bestanddele, en smeer dit oor die baksel met jou hand. Bedek en plaas oornag in die yskas. Maak oop en bak teen 180° vir 30-35 minute of totdat 'n hout stokkie skoon uit die middel kom. Bedien warm.

Australiese Damper

Dit is basies 'n groot beskuitjie resep van "af onder." Dames, dit is so MAKLIK—daar is net drie bestanddele!

Sny 240g botter of margarien in ses koppies bruismeel met 'n deegmenger tot krummelrig. Voeg een koppie karringmelk by en roer met n vurk tot klam. Knie drie-vir keer (nie meer nie). Sny die deeg in die helfte en vorm twee hopies. Sny 'n "x" in die boonte deel van albei met 'n biefstuk mes in. Borsel met melk, en sprinkel dan met suiker. Bak teen 220° vir 25-28 minute tot effens bruin. Bediem warm met konfyt.

Wenk: Wanneer jy meel van die oppervlak skoonmaak nadat jy klaar geknie het, gebruik 'n DROË lap of papier handdoek vir maklike skoonmaak. Skuif die asblik langs die toonbank en vee af. Volg dan daarna op met 'n nat lap.

Wenk: Wanneer jy enigiets was wat vetterig is, vee dit so skoon as wat jy kan met 'n papierhanddoek (of die goedkoper servette). Vetterigheid is wat die sugsloot blok, en as jy 'n septies het, wat voorkom dat kos in die aarde in geabsorbeer word.

Franse Roosterbrood

Ek koop die lang Franse brode wat alreeds gedeeltelik diagonaal gesny is, maar enige soort brood sal doen.

Meng drie eiers
¾ koppie melk (maak dit somtyds met karringmelk vir 'n verskillende geur)
1 ½ teelepel vanielje

Doop en kook op ‘n 180° grade “gebotterde” rooster. Ek trek die helfte van die botter omhulsel af en vryf dit oor die warm rooster. Dit maak dit smaaklik!

Deur verskillende brode te gebruik, kan jy baie verskillende soorte Franse roosterbrood maak. My gunsteling is om kaneel rosynjie brood te gebruik, en my familie hou van Texas roosterbrood (dit is net wit brood wat dikker gesny is) en selfs eenvoudige witbrood!

Sprinkel gepoeierde suiker vir ‘n pragtige voorlegging of kaneelsuiker bo op vir ‘n verskillende smaak.

Puik Koffie

Dit is belangrik wanneer jy ‘n goeie gasvrou wil wees om in staat te wees om puik koffie te maak of jy dit nou drink of nie. Ouma Grootjie Brown het gedurende een van haar jaarlikse besoeke voordat sy dood is probeer skimp dat ek hulp met my koffie nodig gehad het. Toe ek die skimp gevang het, het ek gesê, “Ouma, vertel my asseblief wat om te doen!” Dit is wat sy vir my gesê het.

Eerstens, maak seker dat jou pot skoon bly. As dit daagliks gebruik word, maak dit een keer per maand skoon deur asyn deur te gooi gevolg deur twee water brousels.

Volgende, maak seker die sterkte is nie te sterk nie, nie te flou nie, maar ‘“net reg” Meet een geronde kombuis teelepel per koffie koppie. Ons het onlangs ‘n koffie lepel gekoop wat gelyk is aan 3 geronde teelepels vol koffie.

*Nietemin, aangesien koffie so populêr geword het met espresso en die donkerder ryker koffies wat meer populêr is, het ek die resep begin VERDUBBEL.

Nou, vir die finale geheim—dit was die Here se werk. Ons het selgroep vergaderings in ons huis gehad jare terug toe ons in Kalifornie gebly het. Ons groep het uit twee koffie verslaafdes bestaan! Ek was totaal onvoorbereid vir ons eerste ontmoeting. Ek kon gou sien ek sou uit gewone koffie uithardloop. Nadat ek gebid het, het ek gedink dat ek die gewone koffie kan "rek" deur die helfte gewone en die ander helfte kaffeïnvry saam te meng. Almal het WILD geraak! Die groep het al die koffie wat ek daardie aand in die huis gehad het gedrink!

Ek het begin om een blik elk (kaffeïnvry en gewone) koffie te koop en hulle bymekaar gemeng, totdat ek besef het dat die koffie maatskappye nou ½ en ½ (half en half) maak. As jy jou koffie koop en meng, maak net seker jy koop twee verskillende handelsmerke wanneer jy jou kaffeïnvry en gewone koffie kies. Ek stoor my koffie in die vrieskas om dit vars te hou nadat ek dit oopgemaak het.

Vanaf daardie aand, het ek die geheim van puik koffie aan my vriende uitgegee. Die wat die bogenoemde stappe volg kom terug om my te vertel van die lof wat hulle nou vir hulle koffie ontvang!

Wenk: Ouma Brown het my ook gemaak om nuwe afdroog doeke te koop. Ek het die dik enes gebruik (badstof) wat bedoel is om hande, nie skottelgoed af te droog nie. Afdroog doeke is baie dun, en hulle los nie katoenpluis nie. Ek het 'n bondel daarvan jare gelede by 'n pakhuis gekoop, en hulle het vir jare gehou!!

Hoofstuk 13

Maak die Meeste Van

Jou Oond Deel 2

Indrukwekkende & Heerlike Nageregte

Heerlike Diep Bak Appeltert

Soos ek vroeër met jou gedeel het, dit was my eerste poging met die hulp van 'n vriendin. So ek plaas dit aan die begin van die hoofstuk sodat jy, ook, die moed en vertroue sal hê om van niks af te begin bak.

1 pk. Pillsbury tert kors (hierdie is nie die korsie wat alreeds in 'n tert pan is nie), Hulle is in plastiese omhulsel gevou. Jy kan dit aanlyn in Suid Afrika koop.

5 grt. Granny Smith appels (groen en pikant)
1 K suiker
2 E. meel
¼ t. sout
2 t. kaneel
¼ t. neutmuskaat
4 E. botter

Verwyder die appel skil met 'n mes en verwyder die stronk.

*Die eerste keer wat ek probeer het om dit te maak, het ek 'n "skilmes" uitgehaal om die appels te skil! Miskien was ek net senuweeagtig—LHO! Ek was destyds gesê dat skilmesse net op aartappels en sommige groente werk; nietemin noudat ek allerhande soort kook vertonings kyk, het ek gesien hoe selfs sjefs skilmesse gebruik. As jy televisie het, kyk na van hierdie vertonings om te sien hoe maklik dit is en om te leer hoe om meer dinge in die kombuis te doen!

Sny die appels baie dun vir meer geur en sagheid. Meng al vyf die droë bestanddele saam. Volg die instruksies op die tert kors boks om die kors voor te berei.

Lê apples in lae op die onderste deel van die kors, en sprinkel die droë mengsel bo op elke laag totdat die droë mengsel al die appels bedek. (Die eerste keer wat ek dit gedoen het, het ek die mengsel opgesprinkel soos wat ek suiker op my kinders se graan sprinkel—spaarsaam. My vriendin het gelag en gesê dat ek alles oor die appels moes kry—wel toe verstaan ek.) Nou plaas die vier gesnyde eetlepels botter bo op die appels en bedek met die boonste kors, knyp saam. Plaas splete in die boonste kors en verf met melk om die kors te laat blink. Bak in 'n voor verhitte oond teen 200° vir 50 minute.

My dogter, Tyler het dosyne terte gemaak terwyl ons op die plaas gebly het en die Jonathan appels van ons boom af gebruik. Ons het hulle in die oggend uitgehaal om te ontdooi en op die gewone manier gebak. Hulle was absoluut wonderlik—selfs die wat meer as 'n jaar oud was, na ons getrek het, was smaaklik!

Franse Appel Tert

Vir Franse Appel, los net die boonste kors af en sprei die kaneel mengsel van die "Oornag Koffie Koek"' resep (hier onder). Bak vir dieselfde tyd en temperatuur as die tert hier bo.

Cobblers

Ek hou vooraf-gemaakte tert korse (sien bo) byderhand in my vrieskas en tert vulsels (in blikkies) in my spens. Sprinkel meel goed op die vooraf gemaakte tert kors goed en plaas in ‘n tertpan. Nou giet ‘n blikkie tert vulsel in die middel, en trek die kante op en “probeer” om dit toe te knyp, en die boonste deel toe te maak (los ‘n klein gaatjie). Sprinkel met suiker (en kaneel as dit ‘n appelvulsel is) en bak in ‘n vooraf verhitte oond teen 200° vir 20-30 minute. Skep uit en bedien warm met vanielje roomys—maklik en smaaklik!

**Dit is ‘n puik resep om jong meisies te leer omdat dit maklik en redelik flatervry is.

Koekies!!

Koekies is my familie se gunsteling nagereg. My eks-man was ons koekie bakker, en toe het ek oorgeneem. Volgende het my oudste dogter oorgeneem om ons koekies te bak en het gou ons mees beroemde en mees aangevra bakker geword. Toe het my tweede dogter hierdie werk gehad tot onlangs my jongste dogter, wie op die ouderdom van 10 begin bak het, die werk gevat het en is lief daarvoor! Baie aande word sy deur almal gevra om “aaasssseblief koekies te maak

Soos wat ek vroeër gesê het, koekies of cobbler lyk soos die beste manier om jou dogter te leer om te kook. Begin altyd met bak aangesien dit makliker is om iets te meng en bak as wat dit is om ‘n vlam of ‘n brander te reguleer. Maar ek dink die sleutel rede dat dit so goed werk is omdat net omtrent almal van tuisgemaakte lekkernye hou; daarom, kry jou dogter onmiddelik wonderlike reakies en (as sy nie, maak seker om jou familie te sê om “‘n ophef te maak,” as hulle ooit weer tuisgebakte lekkernye wil hê). Dit gee haar die vertroue en motivering om te leer om meer te bak (om die aandag en komplimente te kry), wat sal lei dat sy ook ‘n goeie kok sal word.

Koekie Wenke

Gesmelte botter: Mikrogolf jou botter vir al jou koekie resepte, terwyl jy jou bestanddele uitkry. My eks-man het die botter uit die yskas gehaal en dit geklop op die manier wat hy gesien het sy moeder en ouma dit doen. Aangesien my moeder nie gebak het nie, het ek nooit van beter geweet nie, so ek het die botter gemikrogolf totdat dit gesmelt was. Almal was gaande oor my koekies, so ek het my dogter geleer om dieselfde ding te doen. In ons mikrogolf, neem dit net een minuut vir ½ koppie botter.

Organiseer jou bestanddele: Dames, ek plaas al my bestanddele in 'n ry op die toonbank in ooreenstemming met die orde van gebruik (links na regs). Nadat ek dit gemeet het en in 'n bak gesit het, plaas ek die houer terug. Dit is nie net 'n goeie metode om jou kombuis skoon te hou nie, maar dit help my ook om te onthou wat ek alreeds bygevoeg het, aangesien ek ten minste 'n dosyn keer onderbreek word wanneer ek probeer konsentreer.

Ek doen dit ook wanneer ek in die oggend gereed maak en my grimering aansit, aangesien ek altyd "aan iets dink." Voor hierdie metode, het ek vergeet om reukweermiddel aan te sit net om ure later in die spieël te kyk nadat ek aangetrek het net om agter te kom dat ek vergeet het om maskara aan te sit!

Nog meer bak geheime:

• Wanneer jy koekies bak, bak net een pan op 'n slag en draai dit wanneer jy halfpad deur jou gebak is, tensy sommige van die koekies bros hou los dit dan vir 'n verskeidenheid van gaar (brosser sal agter in die oond wees).

• My dogters laat val die pan om die koekies te kry om te "val' dit maak die koekies taaier.

• Ook, laat die plaat afkoel voordat jy meer deeg daarin sit. As jy die deeg op ‘n warm koekie plaat sit, sal hulle uitsprei en baie dun wees.

• Belê in ‘n **metaal** koekie skepper om eweredige gebakte koekies te hê wat makliker en vinniger is om te maak. Metaal skeppers mag moeilik wees om te vind, maar die moeite werd om vir te soek.

Die Maklikste Koekies Ooit

My jongste dogter wou desperaat bak, maar ek het gedink dit is ‘n bietjie te jonk, toe het ek hierdie resep gevind wat bewys het om haar te lanseer om ‘n uiters talentvolle bakker te word!

1 boks koek mengsel
⅓ K olie
2 eiers
versier suiker

Voorverhit oond teen 180° dan meng (met die hand) droë koek mengsel, en eiers in ‘n groot bak totdat ‘n deegbal vorm. Bestrooi hande met suiker en vorm in 3 sentimeter balletjies. Rol balletjies in suiker en plaas 5 sentimeters apart op ongesmeerde koekie panne.

Bak 8-10 minute of totdat die middel geset is, nie taai nie. Verwyder uit panne nadat jy dit vir omtrent ‘n minuut op draad rakke geplaas het om af te koel.

- Macy het eers sjokolade kreukels gemaak deur ‘n donker sjokolade koek mengsel te gebruik.

- Volgende het sy Snicker Doodles gemaak deur ‘n geel koek mengsel te gebruik en hulle in kaneelsuiker te rol.

Die moontlikhede is eindeloos, en so is die komplimente wat sy ontvang het. Een van haar ouer broers wat verheug om ‘n sak van hulle werk toe te neem om met sy mede-werkers te deel wat nie kon glo dat sy 10 jarige suster dit gemaak het nie!

Sodra jou dogter hierdie bemeester het, is dit 'n maklike stap na die res van die koekie resepte!

Buitengewone Sjokolade Kepie Koekies

Maak nie saak hoe puik jou sjokolade kepie koekies is nie, hulle kan nooit hierdie resep ewenaar nie! My broer, wat 'n professor in Japan is, versoek hierdie koekies binne minute nadat hy deur die voordeur geloop het wanneer hy besoek aflê.

Ek gaan jou dubbel gee, dubbel die baksel mates wat ons gebruik. Laat almal toe om "versadig" te raak soos wat hulle uit die oond kom. Vul 'n lugdigte houer met die "afgekoelde" koekies en vries die res.

Wanneer ons gaste het, of iemand net ""inval," neem die (en enige ander soort koekies wat jy maak) uit die vrieskas en plaas dit op 'n bord. Maak lekker koffie of 'n pot tee, en teen die tyd dat die koffie klaar is, is die koekies ontdooi om aan die verheugde gaste te bedien!

Meng in 'n middelmatige mikrogolf bak:

1 koppie botter, vir 2 min in die mikrogolf gesmelt

1 K bakvet
1 ½ K suiker
1 ½ K bruin suiker
2 t. vanielje

---

4 ½ K meel
2t. koeksoda
2 t. sout

Giet die droë in die nat bestanddele en voeg vier eiers by dan twee pakkies (of vier koppies) sjokolade kepies. Bak teen 190° vir 9-11 minute.

Grondboontjiebotter Koekies

Ek weet. Ek klink soos 'n stukkende plaat wanneer ek vir jou sê hoe smaaklik iets is, maar hierdie is die beste grondboontjiebotter koekies wat ek al ooit geeet het. Die geheim is dat jy "bonkige" grondboontjiebotter gebruik!

Meng in 'n middelslag mikrogolf bak:

1 K botter, gesmelt
1 K bonkige grondboontjiebotter
1 K suiker
1 K bruin suiker

Voeg by:
2 eiers en 1 t. vanielje

Meng in 'n kleiner bak:
2-½ K meel
1 t. bakpoeier
1-½ t. koeksoda
½ t. sout

Kombineer albei bakke

KIL IN DIE YSKAS VIR DRIE URE

Skep en rol in suiker. Druk met n vurk af en maak 'n kriskras patroon. Bak teen 190° vir 10-12 minute.

Taai Toffie Boere Koekies

Jy sal vind dat hierdie die beste koekies is wat jy al ooit gegeet het, gewaarborg! Ongelukkig het ons 'n klomp gaste gehad wat ons gesmeek het om hulle te maak en ons het "oor doseer" op hulle.

Meng in 'n middelslag bak:

1 K bakvet
1 K suiker
1 K bruin suiker

Voeg 3 eiers by

Meng in 'n klein bak:
2 K meel
½ t. sout
½ t. bakpoeier
1 t. koeksoda
1 t. vanielje
2 K hawermout
2 K koring vlokkies

1-½ pakkies Engelse Toffie stukkies (280g pakkie)

Meng droë, meng nat, kombineer, voeg dan toffie stukkies by.

Bak op 'n GOED-GESMEERDE koekie plaat teen 180° vir 10 minute. Maak seker hulle donker op die rande is; as hulle rouerig is is hulle regtig nie goed nie. Koel op n draadrak af voordat julle dit eet vir die beste geur.

Nota: Jou spatel sal vassit wanneer jy die koekies van die plaat verwyder. So, nadat jy drie koekies verwyder het, vee die punt van die spatel af met 'n klam lappie.

Hawermout Kreukels

Jy het nooit in jou lewe koekies soos hierdie geproe nie. Verlede jaar, het ons pastoor aangekondig hoe baie hy van hawermout koekies hou. Elkeen van my kinders het in die kerkbank vorentoe geleun en vir my gebare gemaak gemaak dat ek van myne vir hom moet bring. Is dit nie lekker om bewonderaars te hê nie?

Meng in 'n middelslag mikrogolf bak:

2 K botter, gesmelt
4 K suiker
4 eiers
2 t. vanielje

Meng in 'n klein bak:

2 K hawermout
2 K rosyntjies (opsioneel)
5-½ K meel
3 t. koeksoda
½ t. sout

Kombineer albei bakke. Rol in 'n balletjie en rol dan in ⅔ koppies suiker. Bak in 'n vooraf verhitte 180° oond vir 15-minute totdat hulle opgepof en liggies bruin is.

Sjokolade Fudge Koek

Hierdie sjokolade koek resep, met die daaropvolgende koekversiering resep, is die mees smaaklikste koek wat jy al ooit geproe het. Vir 'n spoggerige koek (dit is wat ek doen vir my vriende se verjaarsdae koeke), smeer die eerste (onderste) laag met frambooskonfyt, dan die versiering. Ongelooflik!!!

Ek wil jou waarsku dat dit baie swaar en ryk is. Normaalweg gebruik ek 'n boks koek mengsel met die versiering resep hier onder.

3 K meel (neem 6 E. uit)
1-½ t. koeksoda
¾ t. sout (½ & ¼ t.)
¾ K botter
2-¼ K suiker
1-½ t. vanielje
3 eiers
3 (28g) blokke onversoete baksjokolade, gesmelt.
1-½ K yswater

Voorverhit die oond tot 180°. Smeer en strooi drie (23cm) ronde koek panne goed. Sif die meelblom, koeksoda, en sout in 'n middelslag bak. Vryfklop botter in 'n groot bak; voeg geleidelik suiker en vanielje by, en klop totdat die mengsel donserig is.

Voeg eiers, een op 'n slag by, klop goed na elkeen. Vou in gesmelte sjokolade. Nou, voeg die droë bestanddele by en wissel af met yswater. Meng die baksel vir twee minute. Giet in gesmeerde en meel bestrooide panne.

Bak in 'n vooraf verhitte oond vir 30-35 minute of totdat 'n hout tandestokkie skoon uitkom. Koel in die panne op 'n draadrak af vir 10 minute. Dan, verwyder van panne en koel heeltemal af.

Die LIGSTE Versiersel

Wanneer my vriende 'n partytjie het, vra hulle my om my koek te bring as "verjaarsdag geskenk"!

⅓ K versiersuiker
1 boks (100g.) kits vanielje poeding
¾ K koue melk200 ml room geklop.

Hou alles koud deur jou bakke en kloppers in die vrieskas te sit. Meng die boonste drie bestanddele saam teen hoë spoed vir omtrent twee minute tot dik. Vou die room versigtig in met 'n rubber spatel. Dis dit!

Vir meer variasie, gebruik verskillende geure van poeding mengsels met verskillende soorte koekmengsels en word kreatief. Ons laaste verjaarsdag, Tara sin, het ek vars aarbeie gebruik en die sap (nadat jy hulle dun gesny het bedek hulle met suiker en plaas in die yskas) vir die vloeistof in die koek, in plaas van die melk gebruik. Toe het ek die aarbeie in die middel en oor die boonste deel en kante gesmeer. Nie net smaaklik nie, maar indrukwekkend!

Lekker Gemmerbrood

My moeder sê vir my dat sy bekend was vir lekker gemmerbrood, maar het op een of ander manier die resep verloor. Sy sê dit is net so smaaklik soos hare, maar sy het nog steeds daarvan gehou om vir my die storie te vertel van hoe sy hare in 'n yster pan gemaak het wanneer ek haar van my gemmerbrood gegee het.

Dit kan as 'n nagereg, 'n smaaklike ontbyt traktasie, of 'n peuselhappie bedien word. Ongelooflik smaaklik!

½ K. botter
¾ K ferm gepakte bruin suiker
1 eier, geklits
½ K ligte melasse
1 K melk
2-½ K meel
½ t. sout

1 t. bakpoeier
1 t. koeksoda
1 t. gemalde gemmer
1 t. kaneel
Suiker vir bo

Voorverhit oond tot 190°. Smeer 'n 23cm reghoekige oondbak goed. Room die botter en suiker. Voeg eier, melasse, en melk by; klop totdat goed gemeng. Sif die meel, sout, koeksoda, bakpoeier, gemmer, en kaneel in. Klop tot gemeng. Giet in 'n gesmeerde pan, besprinkel met suiker, en bak in 'n vooraf verhitte oond vir omtrent 30 minute of totdat 'n hout tandestokkie skoon uitkom. Bedien effens warm of teen kamer temperatuur.

Soet Mieliebrood

Hierdie resep is nie uit die Suide nie. In die Suide, is die mieliebrood glad nie soet nie en word in 'n gietyster pan gebak. (Ek het nooit die smaak vir suidelike mieliebrood aangeleer nie). Nietemin, jy sal nie glo hoe smaaklik hierdie noordelike soet mieliebrood is nie. Dit is so smaaklik dat daar nooit enige oorskiet is nie, dit word die volgende oggend opgeeet deur die eerste man (of vrou) wat op is!

1 K meel
1 K mieliemeel
½ K suiker
4 t. bakpoeier
¾ t. sout
2 eiers, lig geklits
1 K melk
½ koppie botter
½ K soet gevriesde mielies

Voorverhit oond tot 220°. Smeer 'n 23 cm reghoekige pan goed. In 'n middelslag bak, kombineer meel, mieliemeel, suiker, poeier, en sout. Voeg eiers, melk, en botter by. Meng net tot goed ingemeng. Plaas in gesmeerde pan. Bak in vooraf verhitte oond vir 20-25 minute of totdat die hout stokkie skoon uitkom, en dit bo lig bruin is. Bedien warm.

As dit nodig is om die resep te verdubbel, kan jy hulle bymekaar meng, maar bak hulle in twee 23 cm reghoekige panne, sodat hulle in die middel sal bak.

Dit kan as 'n nagereg geeet word—dit is so goed; maar, ons eet dit gewoonlik met ons gebraaide hoender aandete en ons rissie gereg.

Ekwivalent Afmetings

3 teelepels	=	1 eetlepel
4 eetlepels	=	1/4 koppie
8 eetlepels	=	1/2 koppie
12 eetlepels	=	3/4 koppie
16 eetlepels	=	1 koppie

Vloeistof Afmetings

2 eetlepels	=	1 ons
2 onse	=	1/4 koppie
4 onse	=	1/2 koppie
6 onse	=	3/4 koppie
8 onse	=	1 koppie
2 koppies	=	1 pint
4 koppies	=	1 kwart

Droë Afmetings

4 onse	=	1/2 koppie
8 onse	=	1 koppie
12 onse	=	1 ½ koppies
16 onse	=	2 koppies

Hoofstuk 14

Maak die Meeste van

Vinnige en Maklike Maaltye

Maaltye wat Werk Sodat Jy Nie Hoef Nie!

Sy staan op as dit nog nag is
en maak kos vir haaar huisgesin;
ook haar slavinne kry hulle deel
—Spreuke 31:15

Soos wat ons georganiseerd in ons huise word en probeer om twee stappe vooruit te bly, in plaas van vyf stappe agter, is sommige dae nog steeds hekties; daarom, is maklike maaltye 'n moet. Om die moeder van sewe te wees en 'n familie van nege te voer, moes ek altyd vooruit beplan en kreatief wees.

Selfs al is daar nou net vyf kinders en ek by die huis, neig om nou selfs meer te voer—my kinders en al hulle vriende!

Toe ek getroud is kon ek glad nie kook nie. Ek het net 'n beter kok geword toe ek besluit het om myself te onderwerp. "Onderwerp julle daarom in nederigheid aan die kragtige hand van God, sodat Hy julle kan verhoog op die tyd wat Hy bestem het. Werp al julle bekommernisse op Hom, wat Hy sorg vir julle" (1 Pet. 5:6-7).

Toe my man my in 1989 gelos het, het ek vir die dames in die klasse vertel dat ek eenvoudig nie kan kook nie. Daardie week het 'n vriendin vir my gesê sy sal oorkom en my help om 'n smaaklike en "maklike" pastei te maak. "Maklik" was die woord waarna ek gesoek het. Sy het oorgekom en stap vir stap het sy my deur die pastei resep in die vorige hoofstuk geneem. Dit was God wat 'n nuwe ding in my lewe doen!

Gou, het baie dames vir my begin resepte gee met die woord "maklik" in die titel, ek ek was oppad. Nou wil ek van my maklikste maaltye met julle deel wat ek seker is julle in sal behaag.

Mikrogolf Ham Skyf

Een van die maklikse maaltye ooit is 'n Ham Skyf. Ek koop ham, vra vir die vleis departement om die ½ van die ham (deur by die geronde kant te begin) in dun skywe te sny (vra vir die "afgeskaafde," wat selfs beter is), en vir my die 1/2 te los om in dik skywe te sny. Dit gee vir my puik toebroodjies en 'n ete vir my familie.

Ek giet die sap van die pynappel stukke in 'n mikrogolf oond bak en sit die dik stukke ham daarin om sowat ½ minuut te kook. Die eerste snye is vir die jongstes, sodat hulle koel sal wees wanneer die laaste stuk gekook is. Ek bdien dit met pynappel stukke oor die vleis, bordbrooidjie, en 'n groente. Die hele maaltyd neem my net 10-15 minute om te maak

Nachos

Ek hou altyd GAAR GEMAAKTE maalvleis in die vrieskas, en ontdooi dit 'n bietjie in die mikrogolf wanneer ek dit nodig het. As jy maalvleis kan gaar maak wanneer jy by die huis kom, proe dit altyd so vars EN dit kan vir baie vinnige en maklike maaltye gebruik word.

Vir nachos, voeg 'n pakkie taco speserye of jou eie speserye by. Plaas tortilla skyfies op 'n bakplaat, giet die taco vlies, en gerasperde kaas bo oor, en plaas onder die rooster. Ek bedien dit met 'n salsa doopsous, en ons almal sit rondom die tafel en geniet 'n smaaklike, prettige maaltyd.

Dallas Hoender

Die naam vir hierdie maaltyd is van my seun, Dallas, afkomstig, wie in staat was om dit te maak van die ouderdom van vyf-jaar-oud terwyl ek sy broer, Easton geborsvoed het.

Neem beenlose, vellose hoender borsies en sny hulle in byt-grootte stukke (ek het hierdie stap gedoen!) Giet dan, 'n blikkie room van hoender sop en een klein houer room in 'n bak en roer. Nou, roer die hoender stukkies in en bak vir omtrent 160° vir 'n uur. Bedien oor rys, noedels, of 'n gebakte aartappel met 'n groente. Eenvoudig en smaakvol!

Verrassing Quiche

Ek hou altyd die gevriesde, klaar voorbereide pasteitje kors vir cobblers en quiches.

Wanneer jy oorskiet vleis, kaas, of groente het—kan jy 'n vinnige, maklike, en smaaklike maaltyd maak! Kalifornie retaurante eis R80 vir 'n sny vir die vreemdste kombinasies van bestanddele in hulle quiches—so wees kreatief!

Sny eenvoudig al jou bestanddele op en plaas in 'n voorbereide pasteitjie kors. Klits vier eiers met 'n klein bietjie melk en giet bo oor en bak tot die middel van die eier gaar is 160 ° vir 15 min, verminder tot 150° vir nog 15 min, en laat staan vir nog 10 min. Bedien met rolletjies en 'n slaai.

Gelaaide Gebakte Aartappel

Kook jou aartappels eers in die mikrogolf. Plaas hulle in 'n sirkel, kook vir 5 minute, prik hulle weer met 'n vurk om te sien of hulle sag is. Gaan voort om vir 5 min. (of minder) onderbrekings te kook totdat almal sag is.

Dan as jy van die vel meer bros hou plaas hulle oor na jou oond tot vir 'n verdere 10 minute, terwyl jy die ander bestanddele bymekaar maak. Haal jou oorskiet vleis, groente, kaase, suurroom, en spek stukkies uit om oor jou aartappel te gooi. Dit is beter, en baie goedkoper as enige restaurant wat dieselfde ding opdien!

Suidelike Gebraaide Hoender

My buurvrou het vir my haar geheime familie resep gegee waarvoor sy bekend was. Alhoewel sy gewone hoender gebruik het wat opgesny is, gebruik ek hoender sonder vel of been. Doop die hoender in die karringmelk waarby sout en peper gevoeg is. Braai op 'n hoë hoogte in grondboontjie olie (moet net nie laat dit brand nie). Hierdie maaltyd is so sappig en smaaklik—selfs sonder die vel!

Vark Tjops

My moeder, seën haar hart, kon nie kook nie, maar **almal** was lief vir haar vark tjops (as jy nie omgegee het dat hulle gebrand is nie). Haar geheim was om gespeseryde sout oor elke tjop te gooi, dit in meel te rol, en in olie te bak. Ek koop nou die tjops sonder bene wat minder vet het en geneig om dikker en meer sappig te wees. Bedien hulle met appel sous vir die egte McGovern manier (dit was my nooiensvan).

Enchiladas

As jy jou maalvleis of geblikte hoender saam jou gunsteling taco sous en 'n klein bietjie water of met salsa meng, is jou vleis gereed om te gaan—al wat jy nodig het is om die enchiladas saam te voeg.

Verhit die koring tortillas in die mikrogolf om hulle sag te maak, sit jou vleis in, en rol. Bedek met geblikte enchilada sous, sprinkel met kaas, en bak vir omtrent 15 minute teen 180°.

Enchiladas gaan goed met hergebraaide boontjies (in 'n blik) en tortilla skyfies. As jy van Spaanse rys hou, kook wit rys met die sap van die gestoofde tamaties en 'n bietjie sout en peper.

My Familie se *Gunsteling* Maaltye

Tuna Viskoekies

Dit was 'n resep wat my ma gemaak het en is eenders as die duurder krap koekies. My kinders gaan eintlik wild oor hierdie koekies

Gebruik die tuna wat in olie gepak is, kerf uie (jy kan 'n voedsel menger hiervoor gebruik), voeg een rou eier per blikkie by (dit hou die tuna en uie bymekaar). Meng dit vroeg in die dag saam. As jy die maklike metode wil hê, braai hulle op 'n braai, maar die smaaklikste manier is om hulle in olie te braai (hulle spat en pop nou en dan, so wees versigtig).

Gebruik 'n medium-grootte koekie skepper om die regte grootte te kry. Maak hulle plat soos burgers (jy kan hulle Tuna Burgers noem as jy verkies), en braai hulle totdat hulle aan albei kante bruin is. Ons bedien hulle met elmboog makaroni, en berei 'n sous voor met 'n blikkie tamatie sop en 'n klein bietjie water. Die sous kan oor albei gaan, of net die noedels, om die individu se smaak te pas.

Hoender Pot Pasteitjie

Gebruike enige hoendervleis waarvan jy hou om die onderste deel van die pan te vul. Ek het beenlose hoender wat in bouillon gekook is gebruik, en koel af voordat jy dit apart breek. Na Y2K, het ek 'n leeftyd se voorraad van geblikte hoender en kalkoen vleis gehad (eintlik het dit vir amper vyf jaar gehou!).

Verhit 'n blik room van hoender sop gemeng met 'n klein bietjie melk (omtrent ¼ van 'n blikkie) in 'n pan, en giet in 'n mikrogolf bak.

Gooi gemengde groente by (jy kan ook aartappel stukke byvoeg as hulle klein opgekap is) en die hoender, en bedek die mengsel met die verkoelde pastytjie kors (as jy meer korsie verkies, kan jy die bodem met nog 'n kors bedek). Sny splete bo in vir die stoom om te snap, en bak vir 220° vir 30 minute of tot dat die kors 'n ligte bruin is nie.

Geroosterde Bief

'n Braaistuk is niks nuut nie, maar laat ek jou aanmoedig om joune in 'n erdepot met jou kruie te sit (ons gebruik gedroogde uie sop mengsel) Jy kan dit laat kook wanneer jy by die kerk is. As jy dit gevries insit, maak seker dit is op die hoogste gestel), en as jy besluit om goedkoop, minder vet braaistuk te gebruik, maak seker dat jy dit die dag voor kerk insit.

Plaas die aartappels in jou oond op laag teen omtrent 160°. Wanneer jou familie terugkom van die kerk af, kan jy 'n namiddag ete gereed hê teen die tyd wat hulle hulle klere uittrek en aansit by jou (alreeds gedekte) tafel.

Sous

Geroosterde vleis is normaalweg droog en oninteressant sonder sous, ten minste vir meeste mans. My eks-man was 'n groot sous bewonderaar en my kinders het sy voorkeur oorgeerf. Ek het probeer om my ma se tegniek te bemeester; nietemin, soos wat die Voorsienigheid dit sou wou hê, het ek nooit geleer nie. Die feit was, haar sous alhoewel dit glad was, het baie min geur gehad omdat sy melk as die vloeistof gebruik het.

Een aand, jare gelede, was ons na 'n aandete uitgenooi wat vir alle nuwe lidmate gehou was. Dit was 'n klein kerk, en die ouer dames het hierdie geleentheid periodiek gehou om nuwe families te verwelkom. Op die spyskaart was geroosterde vleis met fyngemaakte aartappels en SOUS. My eks-man was in die hemel! Nie net was die vleis sag nie, maar die sous was buite hierdie wêreld! My eks het aan ons bediener genoem dat as hy nie alreeds getroud was, hy met die persoon sou trou wat hierdie heerlike sous gemaak het.

Toe die maaltyd verby was, het 'n vriendelike, ouer man na hom toe gekom en aangekondig, "Ek het gehoor dat jy met my wou trou!" My eks-man het geskrik totdat die man voort gegaan het, "Ek het die sous gemaak!" Alhoewel hy nie met hierdie man getrou het nie, LH (lag hardop), het hy getrou, maar ek maak nog steeds die sous!!

Hier is die resep wat maklik en altyd heerlik is, maak nie saak watter vleis jy bedien nie!

Wanneer jou vleis besig is om te kook, gooi water in 'n glas houer of 'n Tupperware houer met 'n stywe deksel. Sit bietjie meel daarin en skud dit totdat dit soos melk lyk. Vir 'n ryker sous, gebruik meer meel met die water sodat dit soos dik room lyk. Vir 'n ligter sous, sit net genoeg meel daarin sodat dit soos vetvrye melk sal lyk.

Met 'n klitser, begin die kokende vleis sap te klits, giet stadig die meel en water kombinasie by. Gaan stadig, en kyk uit vir jou familie se gekose digtheid, stop dan. Onthou, jy kan altyd meel/water byvoeg om dit dikker te maak, so wees versigtig om nie te veel van die sap by te voeg nie.

As jy 'n tekort aan vleis aftreksel het, maak jou sous dunner, deur MINDER meel/water by te voeg, sodat dit sal rek. Ek verkies dunner sous aangesien dit meer geur het!

Maklike Lasagna

Die kuns om dit makliker te maak is om nie die noodles te hoef te kook nie! Om dit te volvoer, gebruik eenvoudig twee keer soveel sous as gewoonlik en maak seker elke noodle is swaar bedek met sous. Ook, maak dit voor die tyd dat dit vir 'n paar ure kan staan voordat jy dit bak.

1 pk. lasagna noodles
2 flesse van jou familie se gunsteling sous
1 klein houer ricotta kaas
2 pks. mozzarella kaas
Parmesan kaas

Meng die ricotta en een pakkie mozzarella kaas saam. Jy kan die kaas met knoffel geur of meng 'n klein bietjie spinasie in as jy wil, maar my familie verkies dit onopgesmuk. Giet genoeg sous om 'n lang oondskottel te bedek. Sprei drie noodles uit en gooi die sous bo oor (as die noodle nie gaar is nie, draai hulle om en bedek die ander kant).

Smeer nou, ½ van die kaas mengsel boop die noodles. Lê nog 'n ry van drie noodles boop en bedek ruim met sous (weer aan albei kante as die noodles nie gekook is nie). Smeer die oorblywende ½ van die mengsel bo-op die noodles en lê nog 'n ry van drie noodles bo-op, en bedek ruim met sous; keer om en giet meer sous bo-op sodat albei kante bedek is. Maak klaar met die oorblywende mozzarella kaas, en sprinkel Parmesan kaas bo-or die kaas. Bedek met foelie en bak teen 180° vir 45 minute, verwyder die foelie en bak nog 10 minute totdat die kaas bruin is. Laat dit staan vir 15 minute terwyl jy 'n slaai aanmekaar slaan!

Net onlangs het my seun se verloofde vir my gesê dat haar moeder haar rug uigesit het, toe offer ek om vir haar 'n aandete te bring om te help. Toe ek my pan optel het sy vir my gesê dat almal, insluitende die wat vol fiemies is nie MAL was oor hierdie eenvoudige resep. Is dit nie waaroor alles gaan nie? Dankie Here!

Vleisbrode

Daar is so baie maniere om verskeidenheid in jou vleisbrood te skep. Laat my een van myne deel en dan laat jy jou kreatiwiteit vloei om nuwe skeppings van jou eie te ontwikkel. Meksikaanse vleisbrood is 'n gunsteling met my familie. Gebruik die krummels van jou taco skyfies (jy kan gegeurdes ook gebruik) om die brood krummels te vervang. Gebruik taco sous om die tamatiesous te vervang en taco mengsel om die geurmiddels te vervang (wees net versigig van te veel geurmiddel!). Bedien dit met rys, boontjies, en tortilla skyfies.

Deur die vorm wat jy gebruik te verander, kan jy jou familie se entoesiasme aanhits. Gebruik twee tert panne, en die vleisbrood kan in tert snye gesny word. Skep jou fyngemaakte aartappels met 'n roomys skepper uit en dit sal soos tert a la mode lyk. Prettig en maklik!

Dik Bief Bredie

Bredie is om eenvoudig stowe vleis of om 'n goedkoper geroosterde bief op te sny. Ek het dit op baie maniere gekook, maar gedurende 'n krisis, wanneer ek vergeet om dit vroeg in die erdepot te sit, het ek die mees smaaklike manier met die mees sagte vleis gevind.

Sny jou vlies in kleiner stukkies op—meer soos klein happies. Sny jou aartappels ook klein op. Plaas dan albei die vleis en aartappels in 'n pan, bedek met water omtrent 3 cm, en voeg die geursel by (ons gebruik ook uiesop vir gemak en geur wat my hele familie sal eet). Laat dit kook punt bereik totdat die vleis sag is en die hoeke van die aartappels rond en glad is.

Net minute voordat jy opdien voeg jou groente by. Gevriesde groente neem net minute (aangesien hulle blansjeer word voordat hulle gevries word) en hulle bly 'n bietjie langer vars. Gebliktes is alreeds sag, so plaas hulle net lank genoeg in om te verhit.

As jy van jou bredie *dik* hou, luister hierna. My moeder het haar vleis "met meel gestrooi en gebraai" voordat sy dit in die bredie gekook het soos wat meeste vrouens doen. Aangesien ek daarvan hou om my erdepot te gebruik, het ek hierdie stap uitgelos. Nietemin, ek was nie in staat om die dik sous te dupliseer nie, en my familie, spesiaal my seuns, het gesmeek vir sous. Ek het gebid en 'n ander manier gevind—voila sous!

Wanneer jou bredie klaar is, 10-15 minute voordat jy opdien, meng eenvoudig die meel en water in die houer (sien die sous resep hierbo). Terwyl jy die bredie roer, giet stadig die meel en water in jou bredie totdat jy die verkose digtheid bereik het; proe dan. Jy mag dalk 'n bietjie meer geursel bygooi om die geur te behou.

Erdepot Resepte

Hoender Parmesan

Plaas jou gunsteling spaghetti sous (met 'n bietjie water) in die erdepot saam beenlose hoenderborsies en/of dy. Kook die heeldag. Maak pasta en 'n groente (somer skorsie of zucchini met Parmesan kaas is heerlik hiermee). PLaas dan een borsie of dy oor die pasta met die sous, en sprinkel dit met Parmesan kaas. Yum!

Erdepot Bief Bredie

Jou seuns sal mal wees oor jou bredie, as jy vir hulle sê dit is wat die "cowboys" geeet het! Plaas die bredie en enige oorskiet groente wat rondlê by. Voeg speserye by (ek gebruik Lipton uiesop mengsel). Kook die hele dag en bedien met rolletjies of brood (soos die cowboys). Om dit te varieer, maak ek die bredie dik deur meel met water by te voeg—skud dit in 'n Tupperware houer of vles (sien Dik Bief Bredie hierbo). Ook, kan jy gestoofde tamaties en boontjies vir variasie en ekstra voeding byvoeg.

Braai-Broodjies

One of our favorite places to eat bar-b-q had incredible chopped beef sandwiches. My ex-husband commented that it tasted like Cattleman's (you can use any brand of bar-b-q sauce you like). I put stew meat in the crock-pot and pour the sauce over it and cook it all day. At the end of the day, don't pour off the water, just break apart the meat with a wooden spoon and add more sauce if you'd like. Serve on a hamburger bun or Texas Toast.

Een van ons gunsteling plekke om te braai kos te eet het ogelooflike gekapte bief toebroodjies. My eks-man het gekommentaar dat dit soos Cattleman's is (jy kan enige soort braaisous gbruik waarvan jy hou). Ek plaas bredie vleis in die erdepot en gooi die sous daaroor en kook dit die hele dag. Aan die einde van die dag, moet jy nie die water afgooi nie, breek net die vleis apart met 'n houtlepel en voeg meer sous by as jy wil. Bedien op 'n hamburger rolletjie of Texas roosterbrood. (Dik wit brood wat aan beide kante gebotter is en onder 'n rooster gebraai is).

Nog 'n gunsteling is wanneer ek dieselfde resep gebruik, maar beenlose hoender gebruik in plaas van bredie vleis. Albei van hierdie is goed genoeg om aan gaste te bedien.

Nog Resepte

Om jou vriendinne te vra vir resepte is die beste manier om puik maaltye te vind en aan jou vriende die rykheid van 'n ware kompliment te gee. As jy nie weet hoe om te kook nie, doen wat ek gedoen het—ootmoedig jouself en vra om hulp.

Wees seker om kook vertonings te kyk vir inspirasie. Baie van die vertonings is nou ingeskakel op vrouens wat nie opgelei is om te kook nie, baie deur vrouens wat geleer het deur te doen eerder as om self sjefs te wees.

As jy van 'n spesifieke soort maaltyd hou, en nie weet hoe om dit te maak nie, probeer dan om na hierdie webwerf wat ek onlangs gevind het te gaan.

www.recipezaar.com

Een dag was ek besig om te probeer kook (ek glo ek het 'n huis vol vlugtelinge uit 'n ys storm gehad) en my suster het geeis dat ek 'n maaltyd vir die direkteur van haar bystand tuiste waar sy bly skep. Haar direkteur vrou het van my seminare vir "een keer per maand beplanning" bygewoon (uit hoofstuk 10) en het besluit om elke een van die inwoners te vra om met twee van hulle gunsteling maaltye op te kom om elke maand te maak. Briljante idee!

My suter en ek het besluit dat Meksikaans haar gunsteling was, en tortilla sop sou 'n aandete spesiaal maak. So toe gaan ek aanlyn om 'n resep te vind en ek het op die bogenoemde webwerf "afgekom" 'n antwoord op my gebed.

Wat ek die meeste van die webwerf hou is dat al die graderings (een tot vyf sterre) en die resensies (wees seker om jou "vind" te stel deur die graderings). Ek lees al die resensies (nadat ek dit deur graderings gesorteer het; hou by vyf sterre) so dan weet ek HOEKOM mense van hierdie resep hou (in geval dit presies is hoekom my familie nie daarvan sal hou nie).

Die ander puik ding oor hierdie webwerf is dat jy 'n resep kan skep vir die hoeveelheid mense wat jy bedien (deur die opdienings grootte aan die boonste regterkant te verander), en dit gee jou die vermoë om die resep maklik te druk.

Daar is ook baie ander opsies wat jy aan die linkerkant van die webwerf sal vind soos: Voeg By Kookboek, Voeg by Maaltyd Plan, Voeg by Inkopielys, en Voeg by Spyskaart. Gaan kyk en sien of dit help!

Een dag mag ek dalk die tyd neem om al my maaltye met ander te deel of is dit net 'n opiumdroom? (Opiumdroom word gedefinieer as 'n "onrealistiese nosie: 'n doelwit, hoop, of plan wat so verregaande is dat dit baie onwaarskynlik is dat dit sal gebeur).

Hoofstuk 15

Maak die Meeste van Jou

Klere

Koop en Was van Klere

. . .hulle het nooit iets nodig gehad nie;
Hulle klere het nie oud geword nie . . .
—Nehemia 9:21

Klere is baie duur om te koop en/of te vervang as hulle gevlek is, geruïneer of stukkend. Dit is, daarom, baie belangrik om jou familie aanhou te laat lyk soos ''kinders van die Koning" deur hulle klere skoon en netjies te hou. Selfs as jy finansieel sukkel, kan jy gewoonlik goed aantrek met so baie erf uitverkopings en tweede handse winkels wat deesdae beskikbaar is.

Selfs al is jy 'n een-inkomste familie of is jy geskei, het jy hierdie belofte, dat "die vroue by die huis verdeel die buit"! (Ps. 68:12).

Selfs al is jy nie in staat om motorhuis uitverkopings of tweedehandse winkels te bekostig nie, daar is so baie families wat net "soek" vir iemand wie hulle kinders se ontwasse klere kan dra—so maak jou behoeftes bekend. Maak eers aan God jou behoeftes deur gebed bekend. God sê vir ons dat HY in al ons behoeftes sal voorsien, maar Hy wil hê ons moet Hom vra.

Tweedens, maak jou behoefte vir klere bekend deur dit aan iemand te noem wat duidelik "klaar" is met kinders baar en kinders net 'n bietjie groter as joune het. 'n Vriendin van my het vir my 'n wonderlike voorbeeld hiervan vertel. Sy het altyd 'n vriendin se klein dogtertjie admireer wie die mees pragtigste ontwerpers klere gedra het. Sy het eenvoudig vir haar vriendin gevra wat sy met die ontwasse klere gedoen het. Die moeder gee nou al haar dogter se klere aan vir hierdie vriendin wat ses kinders het.

Toe ek "uitgelewer" was om erf uitverkopings te hê of om te probeer om 'n paar rand te maak deur ons klere aan tweedehandse winkels te verkoop (soos wat ek in 'n vorige hoofstuk genoem het), het ons familie begin oorvloei met klere! Dit het my 'n lang tyd van gebed geneem voordat ek 'n groep by ons kerk gevind het wat klere aangee sodat ek Macy se klere na hulle toe kon aangee. Ons buurvrou het net aan ons genoem dat sy mal is oor "tweedehandse klere" dit was so 'n seën vir my. Ek het ***nooit*** eens daaraan gedink om Coper se klere wat hy ontgroei het vir haar te gee nie! So wees seker om te VRA. Die res van ons klere, gee ek eenvoudig vir die naaste tweedehandse winkel aan ons huis. Ek maak dit eenvoudig deur 'n silwer asblik met 'n swart trekkoord sak daarin gemerk "Gee Weg" te plaas sodat enige tyd wat ons nie iets wil hê nie, kan dit reguit in die sak en af na die tweedehandse winkel gaan.

Of jy klere nodig het, en of jy klere het om weg te gee, dit is belangrik dat jy jou klere skoon hou, wat is waaroor hierdie hoofstuk gaan.

Voor ek begin, nietemin, wil ek my hart deel aangaande moeders wie hulle kinders toelaat om hulle "eie" klere te doen. Ek is allesvi dit om my kinders op te lei (soos jy weet uit my werkboek *'n Wyse Vrou*), maar ek is nie ten gunste van hierdie sisteem nie, omdat ek daarvan hou om te "*lewe*" en "familie" te bevorder. Alhoewel ons kinders leer om te kook, skoon te maak, en die wasgoed te doen, doen is dit nie "onafhanklik" van mekaar nie, maar eerder leer ons om dit te doen as 'n familie.

Die samelewing as 'n geheel hou daarvan om te "verdeel en oorwin" tog ons natuur trek ons aan om te wil "behoort." Kultusse aas op jong kinders, omdat hulle "gemeenskaplik" is en hierdie jong mense voel asof hulle benodig word (selfs al probeer hulle krale by 'n lughawe verkoop!) Ek sê nie dat as jou kinders hulle eie wasgoed doen hulle sal opeindig as 'n lid van 'n kultus nie, ek wil net klem lê om familie en "knegskap" te bevorder (om vir mekaar om te gee eerder as "self") wat besig is om verouderd te word soos wat dit is om 'n maagd te bly voor die huwelik. Reg, genoeg, beweeg aan.

Prys God. As jy 'n wasgoed masjien en 'n droër het. PRYS God vir moderne gerieflikhede! As jy nie op 'n bord hoef te was nie, by 'n rivier, of water te dra om te kook nie, prys die Here! Meeste van ons in die Verenigde State *hoef nie* ons wasgoed op te hang om droog te word nie, maar het 'n droër! Deur rondom die wêreld te reis het bewys hoe geseën ons is aangesien baie lande hulle klere ophang om droog te word! Ons hoef ook nie houtskool in ons strykysters te laai om ons klere te stryk nie!

Wees dankbaar. Wees dankbaar deur vir God jou dankbaarheid vir die klere wat jy het te wys deur:

1. Hou hulle skoon: Gebruik borslappies, voorskote, en 'n vlekverwyderaar as jou familie wel mors.

2. Hou hulle kreukelvry: Hou by by jou strykwerk, en en vou en hang dit op sodra die droër stop. Ook, om nie jou wasmasjien en droër te te oorlaai nie sal help met die kreukels.

3. Hou hulle heel: Betyds keer is 'n goeie geweer! Leer om met die hand te werk of hou jou naaimasjien opgestel met wit gare gedurende die warm maande en swart gare gedurende die kouer maande vir vinnige herstel. As jy weet hoe om naaldwerk te doen, maar jy het nie 'n masjien nie, is daar baie klein masjiene, selfs handgehoudes, wat 'n soom of skeur sal regmaak.

Ywer. Deur 'n wasdag skedule en 'n roetine op te stel sal produktiwiteit vermeerder en jou weerhou om hierdie baie belangrike werk vir jou familie te vrees.

1. Sorteer jou klere deur drie verskillende-gekleurde mandjies te gebruik: gebruik 'n wit mandjie vir wit, 'n ligte kleur vir jou ligte of helder kleure en 'n donker mandjie vir jou donker klere. Leer jou jong kinders hulle kleure deur hulle te kry om hulle eie klere te sorteer sodra hulle uittrek. Sodra hulle of in hulle nagklere of aangetrek is vir die dag, kan hulle opgelei word om hulle vuil klere na die waskamer toe te bring. As jy verkies, kan jy 'n wsgoedmandjie in elke kamer hê vir hulle om vir jou op wasdag te bring. Nietemin, baie dikwels sal kinders ***skoon*** klere wat hulle aanpas en nie dra nie ingooi of vuil klere in hulle laaie sit wat jy 'n week later ontdek. As jy enge een van hierdie situasies het, mag jy dalk die eerste metode gebruik.

2. Stel dae, b.v., Maandag, Woensdag, Vrydag, vir jou wasdae, of jy kan 'n lading doen sodra daardie gekleurde mandjie vol is. (As jy van hierdie metode hou, maak seker jou familie sorteer hulle eie klere soos wat hulle uittrek). Dit werk beter met klein families, waar vasgestelde wasdae 'n moet is vir groter families. Onlangs was ek geseën met een van daardie masjiene wat 17 paar klinknaelbroeke doen! Nou het ek net EEN wasdag 'n week, en ek tel nie nog 'n dag vir handoeke en lakens by wat my 13-jarige-ou seun doen nie.

3. Keer die klere die regte kant buite of verkeerde kant buite vir hemde, meisies spanbroekies, of ander items wat jy wil beskerm. Leer jou kinders om dit self te doen. As my kinders nie hulle klere omkeer nie maak 'n hoop klere wat nie omgekeer is nie en maak een kind (die grootste skuldige) om dit om te keer of die familie se sokkies uit te skud. Dit neem net EEN keer vir elke kind om iemand anders se sokkies (of

onderklere) om te keer vir hulle om hulle eie klere om te keer!

4. As jy jou klere vasrits, sal hulle makliker vou, maar meer belangrik, dit spaar die lewe van jou klere. 'n Ritssluiter rafel klere in die wasmasjien en spesiaal in die droër.

5. Neem die tyd om te kyk vir besmeerde of gevlekte klere en behandel vooraf met 'n vlek stok, of wat ek verkies is die nuwe vloeistof wasmiddel wat ek gebruik wat **alles**, insluitende bloed uitkry.

6. Ooops, ek het te gou gepraat. Die enigste ding wat my nuwe wasgoedmiddel nie uit kry nie is enigiets olierig of vetterig. Vir dit gebruik ek "Goo Gone." As jy dit nie kan vind nie, vra of kyk vir 'n sitrus vlek verwyderaar wat kougom uitkry. Dit het 'n vlek van 'n baba kruipbroekie wat **bedek** was in rooi lipstiffie in net twee wasse uitgekry! Toe my suster gekuier het, het sy amper gehuil toe sy vir my gesê het dat haar seun (wie sy ma *gesmeek* het vir 'n ontwerpers kortbroek vir die somer) 'n swat olie vlek daarop gekry het. Sy het vir my gesê sy het alles probeer en dit het glad nie gehelp nie. Dit het twee wasse met "Goo Gone" geneem. Maak net seker jy bedek die vlek, laat dit droog word, gebruik dan 'n vloeibare wasgoedmiddel of vlek stok daarop wanneer jy dit was (dit verduidelik dit op die aanwysings).

7. My gunsteling wasgoedmiddel is ONS wasgoedmiddel. Dit is 'n vloeistof, wat ek altyd met my donker klere gebruik, aangesien ek dikwels opeindig met poeier merke op donker klere. Dit gebruik 'n pomp, so jy het nie morserige koppies nie. Dit werk goed met koue water. Dit kry my klere so wit, en die kleure is soveel meer helder. Ek het dit in 'n Christelike vroue tydskrif uitgevind, en ek het almal daarvan vertel. Jy kan aanlyn bestel by www.ourproductsonline.com,

en ek het vir almal daarvan vertel. Onlangs, het 'n buurvrou aan wie ek ONS wasgoedmiddel aanbeveel het gevra wat ek van hulle ander skoonmaakmiddels gedink het, spesiaal hulle gepoeierde bleikmiddel. Hierdie produkte is veilig vir jou familie se vel. En as dit nie genoeg is om jou te oorreed om dit te probeer, ek het uitgewerk dat dit my familie van nege net R70.00 per maand gekos het om te gebruik! Nou met my voorlaaier gebruik ek half 'n pomp of R35.00 per maand. Ek gebruik die kleinste aanbevolle bedrag per was en kan nog steeds glo dat ek die puik resultate teen so 'n goedkoop prys kry nie! As jy wel hierdie produk gebruik, noem my naam en hulle sal vir my geld stuur om te gaan vir meer van hulle produkte! Dankie!!

Was Wenke:

1. As jy voor wil bly, kollekteer en sorteer jou klere in die aand een begin jou eerste was lading—wit klere. As jy jou wit klere in die aand doen, spaar jy deur met die warm water te kompeteer wat jy vir storte in die oggend gebruik.

2. Gooi jou wit klere, wat meestal uit handdoeke, onderklere, en sokkies bestaan in die droër aangesien hierdie sal sit voordat dit opgevou word. Wanneer jy wakker word, het jy 'n lading om te vou, jou derde lading in die wasmasjien, en jou tweede lading wat in die droër gaan. Dit spaar soveel tyd dit is ongelooflik!

3. Om **skoner** klere te kry, moet nie jou wasmasjien oorlaai nie.

4. Gebruik 'n wasgoedmiddel wat net ¼ koppie vereis. Ander het filters, wat klere kan brand, vel irritasie op kinders, en ander familie lede wat 'n sensitiewe vel het, veroorsaak en mag die oorsaak van siekte en kwale soos autoimmuun

afwykings veroorsaak. Weer, ek beveel hoogs aan dat jy ONS wasgoedmiddel probeer.

5. Alhoewel ek die vloeibare versagmiddel gebruik het ek ‘n Downy Ball in vorige uitgawes van hier die boek gebruik, ek beveel nou glad nie die gebruik van chemikalieë aan wat in kontak met die vel kom nie en wat maklik deur die liggaam absorbeer kan word nie. **Materiaal velle word daar gesê is een van die ergste produkte wat jy kan gebruik vir jou gesondheid, en veroorsaak dikwels vel irritasies.** ‘n Natuurlike versagmiddel, spesiaal vir handdoeke is asyn. Daar is verskillende soorte, maar Heinz maak ‘n goeie een wat van groente gemaak is, nie petroleum, en asyn is goedkoop om te gebruik. Vir ‘n lekker reuk, gebruik ek natuurlike suurlemoen ekstrak wat jy vir omtrent R70.00 in ‘n gesondheids koswinkel kry. Jy gebruik net omtrent 4-5 druppels vir ‘n vars reuk.

6. Vir klere wat jy nie wil hê in die droër moet gaan nie, plaas hierdie net in ‘n wasoed sakkie. Al my kinders weet dat ‘n net wasgoedsakkie nie in die droër gaan nie. Voordat ek hierdie metode gebruik het het ek so baie artikels klere gehad wat geruïneer is deur die droër. Dit is die droër, nie die wasmasjien, wat klere verweer en verdof nie. So nou word meeste van my klere opgehang nadat ek hulle op ‘n “net lug” siklus plaas om dit op te pof en van die kreukels uit te kry.

DroogmaakWenke:

1. Verwyder jou klere onmiddellik, vou of hang op, om kreukels te elimineer.

2. Om elektrisiteit te spaar—maak twee ladings saam droog.

3. Om minder kreukels te kry skud die klere uit soos wat jy hulle in die droër plaas, eerder as om 'n reuse nat bal klere in te gooi.

4. Plaas jou wasgoed mandjie *onder* die droër om te voorkom dat jou skoon klere op jou vuil (of pluis bedekte) waskamer vloer (of motorhuis) vloer val.

5. Dit is die droër, nie die wasmasjien, wat kleure dof maak, spesiaal swart items. So as jy iets het wat jy wil hê moet soos nuut lyk, moet dit nie droogmaak nie, maar hang dit eerder op om droog te word. Dan om te help om dit minder styf te laat word, plaas dit vir omtrent 5 min in die droër. Moet net nie vergeet dat dit daar binne is nie! Ek stel 'n tydhouer sodat ek nie vergeet nie.

6. My suster en ek het ons klinknaelbroeke met 'n bietjie water besproei, of 'n nat waslap saam ingegooi, sodat ons nie ons klinknaelbroeke of ons gekreukelde hempies hoef te gestryk het nie. Ek het hierdie truuk vir my 13-jaar-oue dogter gewys wat gedink het dit was die slimste ding wat sy ooit gevind het.! Dit werk vir omtrent enige gekreukelde item wat jy nie nodig het om gestryk te laat lyk nie.

Opvou Wenke:

Die vinnigste manier om te vou is om kleiner mandjies opsy te hê vir jou:

1. handdoeke en waslappe
2. sokkies
3. onderklere

Terwyl jy vou, vul die mandjies met jou handdoeke, sokkies, en onderklere, totdat al jou wasgoed gedoen is. Vou of hang die oorblywende klere onmiddellik op. My jonger kinders vou die mandjies vir my (jongste die handdoeke en waslappe tot die oudstes wie die onderklere vou), maar voor hierdie klein helpers, om hierdie items te sorteer, en tot aan die einde te spaar, het *my* tyd om te vou gesny.

Wanneer ek 'n hemp of 'n broek vou, hou ek hulle by die skouers of by die middelband en gee hulle 'n vinnige, skerp skud om hulle glad te maak vir 'n *vinnige* vou. Daar is sommige moeders wie in 'n "spoggerige afdelingswinkel mode vou" wat hulle forseer om al die opvouwerk te doen, aangesien dit te gekompliseerd (of sy is te puntenerig) is om haar familie te kry om te help.

My suster hou ook daarvan in 'n "spoggerige" mode gedoen wat haar weerhou om by te bly met haar opvouwerk! Sy kry nooit die kans nie (aangesien dit vir haar moontlik vyf keer langer neem as vir my om 'n lading te doen). So sy koop meer wasgoed mandjies, laat hulle sit, en is dan geforseer om alles te stryk voordat haar familie dit kan dra! As jou voumetode veroorsaak dat jy in enige een van hierdie groepe val, vind 'n eenvoudiger manier. (Snaaks, terwyl ek hierdie hoofstuk hersien het, was ek met besoek by my suster en het ek ten minste 'n dosyn of meer ladings opgevou om al die wasgoed mandjies leeg te maak. Ek het beplan om nog vir haar te koop totdat ek SKOON klere in mandjies gevind het wat nie gevou was nie.)

Om Strykwerk te Verminder

1. Hang al die klere onmiddellik op op gekeleurde hangers (om gestryk te word indien nodig).

2. Vou die klere dadelik op, na elke lading om kreukels te vermy.

3. Vou onderklere, sokkies, en handdoeke na die laaste lading op.

4. Wys aangewyste items aan om deur jou kinders opgevou te word (jongste werk op na die oudstes).

a. waslappe (jongste)
b. handdoeke
c. onderklere
d. sokkies
e. die res van die klere (oudste kind of jy.

"Sy hou goie toesig oor haar huishouding; lui is sy nie."
—Spreuke 31:27

Pak die Wasgoed Weg:

1. Laat die "vouer" in die regte laaie wegpak wat hy/sy gevou het (indien moontlik) of ten minste op die bed, laaikas in die regte kamer, of in die aangewyste wasgoed mandjies wat na die kamer toe geneem word sodra dit gevul is met al die ladings.

2. Jy moet dat elke kind sy/haar eie wasgoed wegpak. Op die plaas, het ek dat elke lid hy/sy hulle hoop vat en dan het ek "wasgoed breek" uitgeroep. Elke familielid sou dan 'n "breek" neem van watookal hy of sy besig was om te doen om sy of haar hoop te kom kry en dit weg te pak. Dit werk puik as jy hulle almal by die huis het op wasgoed dag.

3. Op Maandae, of wanneer daar baie klere in die wasgoed is, is dit die beste tyd om die laaie te orgniseer. Jy kan hierdie taak (om laaie te organiseer) op jou kinder se 3x5 kaarjies vir Maandag plaas. Dan, kan die nuut gevoude klere bygevoeg word by die nuut georganiseerde laaie.

4. As jy 'n tekort aan laaispasie het, gebruik gekleurde, klein mandjies op rakke in jou kaste om jou klere te organiseer. Dit is spesiaal helpvol met klein kinders se klere. Toe my man ons die

eerste keer verlaat het, het ons geen laaikaste gehad nie, so toe vind ek slak blokke en het rakke met borde gemaak. Ek het R12 plastiese mandjies gevind, wat gedien het as ons "laaikaste" vir baie jare! Ek het besonders daarvan gehou om al die klere opgevou te sien en nie gedruk, in laaie nie.

5. Maak seker jy het 'n spesiale laai of mandjie vir onderklere, sokkies, nagklere, hemde, broeke en truie. Binne die laai of mandjie, verdeel dit om die sokkies en onderklere of ander klein items te skei. Skoenbokse werk goed in die sokkie en onderklere laai. Ek noem dit omdat ek nie so grootgemaak is nie. As 'n tiener, het ek geglo dat ek hierdie metode om 'n spesiale laai vir verrkillende klere items te hê "uitgevind" het, min wetend dat amper amal so gelewe het!

6. Leer jou kinders om hulle laaie netjies te hou deur hulle te kry om hulle laaie elke week te sorteer as een van hule taak kaarte. Dit het nie lank geneem vir my ouer kinders om daar kaart automaties as "gedoen" te plaas nie, omdat hulle *geleer* het om hulle laaie organiseerd te **hou**!

Stryk Wenke:

1. Deur jou man se klere te stryk wys ander vrouens in die werkplek dat "daar 'n vrou is wat vir hierdie man omgee"—en een wat moeilik is om mee te kompeteer! As jy hom wil hou, moet nie dat hy sy eie klere stryk nie!!

2. Gebruik sproeistysel om te help om die klere nuwer en meer skerper te laat lyk. Jy kan 'n vloeistof stysel koop en dit in 'n sproeibottel sit om geld te spaar, en dit kan verdun word om jou of jou man se voorkeur van skerpheid te pas.

3. Die regte manier om 'n man se hemp te stryk is: kraag, dan mou-opslag, voorste linkerkant, agter dan voorste regterkant.

4. Moet nie jou klere in jou kas volprop nie—raak ontslae van wat jy nie dra nie! Praktiese reël—as jy 'n rok, hemp, of 'n broek koop, **geen een weg.** Gee vir die armes— "Gee en dit sal gegee word!"

5. Gebruik gekleurde of bypassende hangers sodat jou kas netjies kan lyk. Elkeen van ons familielede het 'n spesifieke kleur, wat help om dinge in orde te hou in ons waskamer en wanneer jy die items in kamers en in kaste sit wat gedeel word. Gekleurde hanger is uiters goedkoop. Gebruik die klein grootte vir jou jonger kinders, en skuif op na die groot hangers wanneer goed van die klein hangers begin afval. Die kleiner kinders se hangers werk ook goed om te voorkom dat broeke na een punt toe gly.

6. Kollekteer al jou *leë* hangers wanneer jy nuut gewasde en gestrykte klere wegpak. Hou 'n plek by jou wamasjein om die verskillende gekleurde hangers te hang. Sommige plekke wat ek gebruik het is: 'n draadrak oor my wasmasjien wat skoonmaak produkte bo hou en onder 'n plek om hangers te hang; aan die punt van 'n hoë tafel waar ek my klere gevou het; en langs die einde van my strykplank. Noudat ek 'n beter waskamer het, het ek 'n houtstaaf bo-oor my wasmasjien en droër. God is goed is Hy nie?

7. Hang jou klere (in die kas) in een of ander orde; al jou hemde saam, dan broeke, jou rokke, volgende baadjies, en herrangskik hulle van donker tot ligte klere binne elke afdeling. Jy mag lag, maar dit help om te vind waarna jy soek.

8. "Om vuil wasgoed uit te saai" is die grootste fout wat jy kan maak. Moet nooit besonderhede van jou man, jou kind of vriendin se persoonlike sake met ander deel nie. "Wie 'n saak bly ophaal, bring verwydering tussen vriende" (Spreuke 17:9).

Vlekke:

1. Die drie mees belangrikste dinge om te onthou is: kyk altyd vir vlekke **voordat** jy items in die droër plaas (verkieslik voordat jy hulle in die wasgoedmandjie plaas); moet nooit oor vlekke stryk nie; en gebruik die maklikste en minder bytende metode **eerste**.

2. Sommige van die vlek stokke adverteer om die vlek te vryf voordat jy die item in die wasgoed mandjie gooi. Dit het al baie vir my gewerk. As dit nie werk nie of jy vergeet om dit te gebruik, volg van hierdie ander wenke.

3. Vul jou wasmasjien op laag setting met seep en water (en die gepoeierde OUR vir witgoed), en plaas die ekstra vuil of gevlekte items in om alleen te was. Sit die masjien dan af, en draai die wekker aan. Laat die gevlekte of vuil items vir net tien minute week. Kyk weer na die vlekke. Vul die wasmasjien tot bo, en doen dan die oorblywende wasgoed. Dit werk vir bo-laaiers en is die enigste nadeel vir 'n voorlaaier.

4. As jy jong kinders het, reken jy seker met baie vlekke af. Toe ek het, het ek gewoonlik my ligte klere gewas voordat ek my wit klere gewas het, in geval al my pogings 'n vlek gelos het. Op hierdie punt gebruik ek die meer drastiese metode, en was 'n ligte item saam die wit klere. As dit nog steeds nie werk nie, gaan oor na die volgende satp;

5. Met uiterste versigtigheid, gebruik 'n bleikmiddel met 'n ou tandeborsel, of nog beter, koop 'n bleik stok. Dit werk goed met wit materiaal, maar as jy dit op 'n gekleurde item moet gebruik, sodra die vlek verdwyn, hardloop dit onder koue water om die bleikmiddel te verwyder. Ek het gedink ag dit was alreeds geruïneer. So, as die item beskadig is, of as die vlek nog steeds nie uitkom nie, probeer dit:

6. Naat skeur 'n bekende etiket van 'n ander kledingstuk af, en werk dit oor die vlek of bleik merk vas. Ten tye wat dit geskryf was, sal jy etikette enige plek en oral op die kledingstuk vind. Baie keer maak dit die kledingstuk duurder lyk! Dit werk ook om 'n klein gat of skeur toe te maak. Ek het 'n etiket gebruik om 'n goedkoop klere handelsmerk op te gradeer of die klere wat ek regmaak en vrouens het gevra waar ek dit gekoop het!!

7. Gebruik onderklere sakkies vir sykouse, bras, kniehoogte sykouse, enige delikate items of dinge wat jy nie in jou droër wil insit nie. Dit beskerm hulle nie net in die wasmasjien nie, maar maak dit ook makliker om te onthou om hulle ***nie** in die droër te plaas* waar items met rek hulle rekbaarheid verloor en heder kleure hulle helderheid.

Hoofstuk 16

Maak die Meeste van

Naaldwerk

Slim Naaldwerk Nosies

Sy werk met die spinwiel,
haar hande bly besig met die weefstoel.
—Spreuke 31:19

Naaldwerk is basies 'n "verlore kuns" in vandag se samelewing, maar Die Bybel vertel ons dat 'n "knap vrou" doen naaldwerk (wel eintlik, spin sy haar eie materiaal, dan doen sy naaldwerk), ek voel dit moet belangrik wees of God sou dit nie genoem het nie! As jy glad nie weet hoe om naaldwerk te doen nie, is daar sekerlik vrounes in jou kerk by wie jy kan saamkom om die basies te leer, soos om 'n knoop aan te werk, 'n soom in te sit, te stop, en hoe om 'n naaimasjien te gebruik. As jy wel stikwerk doen, en jy stik redelik goed, neem 'n oomblik om die Here te vra om jou te gberuik om te help om 'n ander vrou te leer, maar eers, doen dit in jou eie huis.

Het jy dogters, of seuns, wat nog steeds nie weet hoe om 'n knoop aan te werk nie? Wanneer 'n knoop weg is is daardie kledingstuk waardeloos. So om hulle te leer om basiese naaldwerk te doen sal voordelig vir almal wees. Ouers stuur hulle kinders skool toe om so baie dinge te leer wat hulle nooit in hulle toekoms sal gebruik nie, maar misluk om hulle vaardighede soos naaldwerk, kook, skoonmaak en inkopies wat hulle hulle hele lewens sal help te leer.

Vir die van julle wat nie naaldwerk doen nie, kom ons praat oor naaldwerk wenke wat jou sal help om tyd en/of geld te spaar. Meeste vrouens dink nie dat hulle die tyd het of dat dit somtyds goedkoper is om te koop as om reg te maak. Somtyds is dit waar; nietemin, toe ek gelos is met vier klein kinders, die derde wat 'n dogtertjie was, het ek gevind dat deur naaldwerk te doen dit my gehelp het om haar aan te trek in die soort rokke wat ek destyds nie kon bekostig nie. Wat my selfs meer gehelp het wat dat ek 'n uitlaat of stokperdjie gehad het om te doen wat my gedagtes en hande besig gehou het toe ek so vreeslik vreesagtig vir my toekoms was.

Wenke om Tyd te Bespaar

Skêr. Plaas jou skêr op 'n stuk rek en hang dit om jou nek. Ek het dit aan die personeel by 'n materiaal winkel gesien, en het dit al vir jare gedoen! Jy verloor hulle nooit nie. Doen dit vir jou kunsvlyt en as jy beplan om baie geskenke toe te draai, soos met Kersfees. Dit spaar jou so baie tyd wanneer jy nie hoef te soek vir jou skêr wat onder die materiaal of geskenk papier gekom het nie.

Speldekussing. Gebruik 'n gewrig speldekussing. Jy sal nooit opeindig by die naaimasjien of strykplank sonder spelde nie. Dit is selfs erger as hulle onder 'n stuk materiaal weggesteek is. (Die eerste twee wenke het my naaldwerk tyd in die helfte gesny!)

Patroon sny. Sny baie patrone op een spesifieke dag, terwyl jy op die vloer of tafel opgestel is. Sny reg oor die V—dan, gaan terug en knip 6 cm in elke een van die V's. Dit spaar ook tyd.

Patrone. Gebruik dieselfde patroon oor en oor. Jy sal dit so goed ken dit sal die tyd om aanwysings te volg verminder. Jy mag selfs dalk 'n kortpad vind met jou patroon. Deur verskillende soorte gedrukte materiaal soos, soliede, geruite, strepe, sowel as verskillende knope en krae te gebruik, sal elke item verskillend laat lyk.

Vir patrone wat jy oor en oor gaan gebruik, maak 'n patroon van oorskiet materiaal. Ek het dit vir my dogter se rokpatroon gedoen. Dit was nie net makliker om weer te gebruik as die dun papier nie, dit het ook nie geverg dat ek spelde moet gebruik om dit in plek te hou om te sny nie! Ek was in staat om die patroon aan te gee vir my volgende twee dogters.

Belegsel. Moet nie die belegsels gebruik nie, —dit is baie vinniger! Sny net die skouerstuk van die kledingstuk dubbel. Jy stik dit net eenvoudig om die moue, draai om en stryk! Deur verskillende patrone van materiaal te gebruik voeg ook by hoe jou skepping lyk wanneer dit klaar is. Hulle gebruik totale verskillende patrone, soos warm pienk met klein polka kolletjies in blou denim om dit te maak uitstaan.

'n Hele kind se klerekas: Maak 'n klerekas vir jou kleuter. Maak twee tot vier bloese of hemde in verskillende style (ronde krae, reghoekige krae, seeman kraag, valletjie kraag), maak verskillende rokke of springpakke in verskillende kleure en effense patroon veranderings. Dit het my soveel geld gespaar (toe ek niks gehad het nie!) en het my kinders aanhoudende glimlagte van aandoening van vreemdelinge gekry! Die rokke wat ek vir my oudste dogter gemaak het was aangegee vir haar twee jonjer susters en vir my agterniggies!!

Borslappe: Maak en gebruik borslappe vir klein kinders (my vierjarige het hulle nog steeds gedra wanneer hulle geeet het). Dit sal tyd spaar met die wasgoed en om nuwe klere te koop! Ek het ook Battenburg krae by Wal-Mart in die materiaal seksie gekoop vir omtrent R70.00, en vir my dogters gebruik wanneer ons uit gaan uiteet het. Vir my seuns het ek reghoekige krae gemaak wat gevoer was om oor hulle speelpakkies te gaan wat nie net hulle klere gespaar het nie, maar het ook dit wat hulle aangehad het meer spoggerig laat lyk.

Die eerste borslap wat ek gemaak het was van oorskiet materiaal uit 'n Dooprokkie met 'n ou wit handdoek vir die agterkant. Ek het ook oorskiet wye kant gehad om om die rand te gaan, en 'n wye satyn lint vir die bande. Soos wat ek vantevore gesê het, elkeen van my kinders het dit as 'n borslap gedra, maar dit is nie al nie. Toe hulle omtrent drie geword het, het hulle dit as 'n spoggerige voorskoot gebruik wanneer hulle speel speel aantrek!

Ons het tot vandag toe nog steeds daardie borslap in ons herinnerings laaikas. Was daardie ding gesalf of wat??

Wenke om Geld te Spaar

Patrone koop. Koop net een patroon vir seuns en een vir meisies. Maak seker hulle het grootte variasies (maak die patroon oop voor jy dit koop en kyk binne om te sien). Ek maak 'n materiaal patroon deur die grootte wat ek nodig het op 'n ander stuk materiaal te sny wat ek nie wil hê nie. Wanneer jy jou materiaal op jou goeie materiaal lê, sal dit nie spelde nodig hê om dit vas te hou terwyl jy sny nie.

Voering. Gebruik jou wit lakens wat jy nie meer wil hê nie. Jy kan ook wit lakens by erf uitverkopings of tweedehandse winkles kry, of gebruik 'n komplimenterende materiaal om te voer. Onthou ook om verskillende materiaal te gebruik as 'n kontras: strepe binne jou blomme patroon is 'n mooi kombinasie. Hou jou oorskiet stukkies materiaal vir hierdie doel. Lê net wat jy het bo-op jou materiaal om 'n wen kombinasie te vind.

Koop van materiaal. Koop die materiaal wanneer dit R15 per meter is, niks meer as R30. Jy sal materiaal oral so goedkoop vind as jy net sal kyk. As jy nodig het om iets te stik, kyk eers in jou boks materiaal voordat jy na die winkel toe haas.

Voorkom nuwerwets. Koop die klassieke materiaal eerder as die nuwerwetse. Doen dit ook met jou patrone. Dan, kan die klere na die ander kinders toe aangegee word sonder dat dit uit styl uit lyk.

Knope kan styl by jou klere voeg teen 'n goedkoop prys. Baie keer het Wal-Mart knope op uitverkoping teen R1.36 and R3.40 per kaart. Verskillende knope, verskillende tooisel, en verskillende lengtes van rokke maak die klere anders lyk alhoewel dit dieselfde patroon is.

Beskeie en warm: Maak hanswors broeke vir jou dogters—hulle is goed om 'n uitrusting spoggerig te laat lyk, hulle is beskeie en puik vir warmte in die winter.

Dra vir jare. Maak jou meisies se rokke ballet lengte. Dan, kan sy dit die volgende jaar kuitlengte dra en die finale jaar op die knie.

Leer jou dogters om naaldwerk te doen. Soos wat ek gesê het, daar is geen beter manier om jou dogters te help as om hulle vaardighede te leer wat hulle sal help wanneer hulle getroud is. As jy nie weet hoe om naaldwerk te doen, of kook, of ander huishoudelike takies te doen nie, vind dan 'n vrou wat vir jou en haar kan oplei. Die "vrouens lib beweging" het die meeste van ons gelos dat ons nie in staat is om eenvoudige takies te doen nie. Dit maak ons sukkel en daaglikse take vrees wat maklik gedoen kan word as ons geleer het toe ons jonger was. Vir meer informasie oor hoe om jou dogters (en jou seuns) vir 'n leeftyd op te lei wanneer hulle die huis verlaat en trou, maak seker jy lees *'n Wyse Vrou* gratis op ons webwerf beskikbaar.

Voorgestelde Leesstof

Clutter's Last Stand deur Don Aslett. Al hierdie man se boeke is wonderlik, maar hierdie een is 'n *moet lees*. Ek het aanhoudend om hierdie boek gespring vir die vinnige wenke oor organisering, maar daar was niks nie. Ek het finaal ontspan en die boek van die begin tot die einde gelees. Dit was genotvol en snaaks, maar meer belangrik, dit het die manier hoe ek na dinge gekyk wat ek besit het verander. Die onverwagte newe effek was dat dit my koop gewoontes (ek het opgehou koop wat ek nie nodig gehad het nie) verander het. Kyk om te sien of hierdie boek in jou plaaslike biblioteek is. Meeste boekwinkels verkoop dit, of hulle kan dit sekerlik vir jou bestel.

Side-Tracked Home Executive deur Pam Young. Nadat ek gedink het dat ek die enigste een was wat 3x5 kaarte gebruik om my daaglikse take te organiseer, het iemand gesê, "O, jy moes *Side-Tracked Home Executive* gelees het." Dit was hulle boek (dit is deur twee susters geskryf) wat my die idee gegee het om my kaarte te kleur koördineer, en my gewys het hoe om maandelikse werkies in my sisteem in te werk. Dit was baie snaaks en die moeite werd om te leesk monthly chores into my system. It is very funny and well worth reading.

Oor die Skrywer

Erin Thiele is geseën om die moeder van vier seuns, Dallas, Axel, Easton, en Cooper, en drie meisies, Tyler, Tara, and Macy te wees. Haar reis om die Wyse Vrou vir haar dogters te word het begin toe Tyler net twee jaar oud was. In 1989, het Erin se man haar verlaat en geskei. RMI was gestig toe Erin elke denominasie in haar area gesoek het en nie in staat was om die hulp of hoop was sy nodig gehad het te vind nie.

Hierdie boek en die werkboek *'n Wyse Vrou* was oorspronklik een groot boek wat sy geskryf het soos wat die Here haar gelei het om voor te berei vir haar man se wederkoms. Later, was die herstel deel van haar boek uit *'n Wyse Vrou* gehaal om die vele vrouens wat die Here na Erin toe gestuur het en in krisis was te help.

Erin het baie boeke geskryf met haar kenmerkende styl om die Skrif te gebruik om aan die gebroke harte en spirituele gevangenis te minister. "Hy het hulle met 'n **enkele woord** gesond gemaak, hulle aan die dood laat ontkom" (Ps. 107:20).

Ons het baie hulpbronne vir vrouens om jou te help maak nie saak in watter krisis jy is nie. Om al haar boeke te vind besoek: **EncouragingBookstore.com**, of in gedrukte vorm deur **Amazon.com**.

As God in jou lewe en huwelik beweeg, kom na ons webwerf toe en word 'n lid: **RestoreMinistries.net** or **RMIEW.com**.

Kyk wat is Ook Beskikbaar

in EncouragingBookstore.com & Amazon.com

Skandeer die kode hieronder na die beskikbare boeke vir ons Oorvloedige Lewe, Herstelde, en Deur die Woord van Hul Getuienis reeks.

Besoek asseblief ons Webwerwe waar jy ook hierdie boeke as GRATIS Kursusse vir mans en vroue sal vind.

Wil jy meer weet oor hoe jy 'n Oorvloedige Lewe kan leef?

Herstel Ministries Internasionaal

POB 830 Ozark, MO 65721 USA

Vir meer hulp
Besoek asseblief een van ons Webwerwe:

UiteindelikHoop.com

EncouragingWomen.org

HopeAtLast.com

LoveAtLast.org

RestoreMinistries.net

RMIEW.com

Aidemaritale.com (Frans)

AjudaMatrimonial.com (Portugees)

AmoreSenzaFine.com (Italiaans)

AyudaMatrimonial.com (Spaans)

Pag-asa.org (Filippynse Tagalog)

ZachranaManzelstva.com (Slowaaks)

EvliliginiKurtar.com (Turks)

EternalLove-jp.com (Japannese)

Eeuwigdurendeliefde-nl.com (Nederlands)

Wiecznamilosc.com (Pools)

EncouragingMen.org

www.ingramcontent.com/pod-product-compliance
Lightning Source LLC
LaVergne TN
LVHW010057110826
845155LV00028B/374

* 9 7 8 1 9 3 1 8 0 0 9 1 4 *